真言密教法具便覧

権田雷斧

豊山大學名譽學長　權田雷斧著

密教法具便覧

東京
丙午出版社發行

權田大阿闍梨肖像

序

夫以。仰之彌高。鑽之彌堅。遮那內證境界。出過心地。言語盡竟。心行亦寂。若離如來威神之力。則雖等覺菩薩。尚非境界。況餘人乎。於是。世尊大悲願故。住自在神通力加持三昧。寄托因緣事法。開示內證卽事而眞。故緣生法卽自性會。三摩耶曼荼羅七日作壇。豈自性會外乎。然世澆機劣。雖沐智水傳持密具。知其理者甚少。如童弄沙。法驗無靈。祕密之流風墜地。青龍之遺韵絕響。洵可慨嘆也。已貧道。短淺破器。才少五瓶。妄作婆心。聊思拯濟。圖繪密具。開示一斑。引典據加解說。挑三密法燈於龍華之曉。引劣慧衆生於金剛之界。云爾。

維時大正六年五月。

大阿闍梨　雷斧　撰

眞言密教法具便覽目次

第十五　金剛杵……三四

第二十二　數珠

追加の二

眞言密教法具便覽

權田雷斧著

第一　須彌壇

第一圖　四方壇

金剛頂蓮華部心念誦儀軌(不空三藏譯)云く、次想須彌盧、皆以四寶成と。

金剛頂瑜伽中千手千眼觀自在菩薩修行儀軌經(不空三藏譯)云く、於龜背上想素字、爲妙高山、四寶所成と。

甘露軍荼利菩薩供養念誦成就儀軌(不空三藏譯)云く、瑜伽者、又應於須彌山頂觀大寶殿と。

四寶所成とは、倶舍論第十一云く、妙高山王、四寶爲體謂如次四面北東南西、金、銀、吠瑠璃、頗胝迦寶、隨寶威德、色顯於空、故瞻部州、空似吠瑠璃色と。　佛殿に、須彌壇を建設することは、祕密の道場觀の、器世間建立の觀門に依憑す。　即ち、上に引く所の經軌は、道場觀の器世界建立を說く文なり。　其標幟は、須彌山王は、一切衆生の本有の大菩提心を表し、四寶所成は、菩提心に具する所の、大圓鏡智、平等性智、妙觀察智、成所作智の四智を表す。　四智惣合すれば、卽ち法界體性智なり。　壇の腰部の大海より以上を、上に向つて十六段に作り、大海より以下を、下に向つて又十六段に作るを法とす。　大海より以上の十六段は、海際より上に向つて、薩、王、愛、喜、寶、光、幢、笑、法、利、因、語、業、護、牙、拳、の、慧門の十六大菩薩を表す。　慧門の十六大士は、行者上轉進修の位階の體なるを以て、向上の順次なり。　大海より以上の十六段は、海際より下に向つて、金、寶、法、業、の四波羅蜜と、嬉、鬘、歌、舞の內の四供養と、香、花、燈、塗の外の四供養と、鈎、索、鏁、鈴の四攝智との、各天女菩薩、卽ち定門の十六大菩薩を表す。大海の下に在るは、海中に沒する樣を顯し、定門の尊なる故に、定水中に安住する義を表す。　又、定門の十六大士は、行者の下化衆生の利他の法體なる故に、向下なり。　向上向下の段階、惣合して三十二なるは、金剛界の三十二尊を表し、四寶所表の四智と、之を綜合したる法界體性智とを合して、三十七と成る。　卽ち本有の菩提心、卽ち白淨信心に、金剛界三十七尊の功德を、圓滿に具足する義を顯示す。　又、大海の左右の兩邊に、四箇の彎曲なるもの合して八あり、卽ち八海を表すと傳ふ。本尊如來、豈常に、須彌山上に住するならんや。 佛は、自己の本有の菩提心を以て、成佛の正因とし、之れを修證顯得して、成佛する義を顯さんがため、須彌山上に佛を安置するものなり。 是れ卽ち、祕密道場觀の、器界觀の深旨なり。

第二圖　八角壇

金剛頂瑜伽中略出念誦經第一(金剛智譯)云く、於二其臺上一、想二波羅二合吽劒等三字一、以爲二須彌山一、其山、衆寶所成、而有二八角一と。

大毗盧遮那經廣大儀軌上(善無畏三藏譯)云く、次於二其海中一、緣而觀二八峯彌盧山一と。

八峯八角は、胎藏の八葉を表す。 今の圖は略圖なり。 其構造の樣は、四方壇に准じて知るべし。 段階は、金剛界の三十二尊にして、八角八峯は、胎藏の八葉中臺を表する故に、金胎兩部、理智不二の大菩提心を表するなり。

第二　寶樓閣

第三圖　五峯八柱寶樓閣

金剛頂瑜伽中略出念誦經第一云く、於二其殿上一、有二五峯樓閣一、懸二雜繒綵珠網華鬘一、而爲二莊飾一乃至於レ中、以二八大金剛柱一、而爲二莊嚴一と。

弘法大師金剛界黃紙次第云く、蓮上有二𑖀字一、成二五峯樓閣一と

同無盡莊嚴藏次第云く、上有二𑖪𑖽 𑖮𑖳𑖽 𑖝𑖿𑖨𑖯𑖾 𑖮𑖿𑖨𑖱𑖾 𑖀𑖾五字一、此字變、成二光明廣大七寶紅蓮華五峯寶宮殿一と。

観自在瑜伽蓮華部念誦法門(菩提三藏譯)云く、是室、外似レ有レ五、而內是一相と。

樓閣の體は、中央と四方との五棟を上に置く(俗に云ふ屋根なり)是れを五峯と云ふ。　又四方の門口に、各二柱を立て、閣內には、柱を建てざる、頗る巧妙なる構造なり、是れを八柱と云ふ。　五峯は、上にあるを以て、金剛界果曼荼羅の五智を表す。　略出經と、無盡莊嚴藏次第と、共に𑖪𑖽 𑖮𑖳𑖽 𑖝𑖿𑖨𑖯𑖾 𑖮𑖿𑖨𑖱𑖾 𑖀𑖾の五字を以て、種子とするを以て證となすべし。隨つて、八柱は下にあるを以て、胎藏界因曼荼羅の八葉を表す。　即ち金胎不二、理智冥合の法界塔婆なり。　剋實すれば、吾人の父母所生の身、此外にあ

るにあらざるなり。　無盡莊嚴藏次第道場觀云く、唯如ㇾ是如來ノ界會ハ、悉ク是レ心中本有ノ毗盧遮那如來ノ内證ノ境界也と。　五峯八柱の樓閣の外に、更に八峯八柱の寶樓閣あり。

大師持寶金剛次第云く、成ニ八峯八柱之寶樓閣一と。
石山二卷金剛界次第云く、八峯八柱之寶樓閣と。

五峯八柱に准して知るべし。　但し、四方四隅に、各一棟づゝ建つるを以て異とす八峯は、卽ち金剛界の四佛と、四波羅蜜とを表す。　又、樓閣の内面と外容とは、蓮華。部念誦法門に依つて、知るべし。　又、五峯八柱の寶樓閣は、眞宗本願寺派の、阿彌陀如來の宮殿の構造、粗、法に契へり。　但し、三面を示すのみ。

第三　大曼荼羅壇

第四圖

醍醐三寶院流、理性院流、金剛王院流に於て、用ひる所の壇なり。　醍醐の支流、皆此壇を用ふ。

第五圖

廣澤六流、及び小野三流等に於て用ひる所の壇なり。隨て、其支流は、皆之れを用ふ。

第六圖

弘法大師請來の、大和室生山灌頂堂に在る所の壇の様なり。

第七圖

台密諸流、多く此壇を用ふ。東密にも、亦之れを用ひることあり。

第八圖

東寺大師堂の花形壇と、脇机、禮盤なり。

金剛頂瑜伽中略出念誦經第一云く、於此大壇場應入者、不應揀擇器非器と。

同經第三云く、壇形、四方四門、以四吉祥莊飾と。　又云く、智者觀察應堪、受化者隨意度量、結其壇場亦無過失と。

此經の所說は、大日經具緣品所說に同じく、七日作壇の土壇を說くものなり。

佛說陀羅尼集經第十三(阿地瞿多譯)云く、若作水壇、亦不須擇日月時節、其地隨得淨處、即作平正地面、即須香泥塗其地上、即成壇法と。

瞿醯壇跢羅經上(不空譯)云く、若作急速之事、乃至勿須細揀其地、隨宜而作、都以枳利枳利忿怒眞言、持誦香水、洗灑其地、及灑亦淨、以爲淨地と。

以上の二經は、土壇の、一日作淨の水壇を說くものなり。

佛說虛空藏菩薩能滿諸願最勝心陀羅尼求聞持法(善無畏譯)云く、別作一方木曼荼羅、下至一肘、過之亦任意、其壇下、安四足、或以編附上面、去地恰須四指と。

此經は、木壇の典據なり。　本朝に於て、東密にては、高祖大師より以來、唯木壇のみを使用して、未だ土壇を建てたるを聞かず。　室生山灌頂堂の兩部の大壇は、大師の請來なり。　台密にては、傳敎大師は、七日作壇の大壇を起立して、灌頂を行したる遺跡は、今尙下野の大慈寺と、上野の涌法寺とに存せりと傳ふ。傳教大師の、金剛界七日行事鈔等を以て、之れを知るべし。然れども、台密諸流も、亦、木壇を使用せり。

惣して、大壇の四方正等なるは、淨菩提心の大地を表し、又、四方面は、卽ち大圓鏡智等の四智を表す。四智綜合すれば、法界體性智なり。故に、大壇は、卽ち五智輪圓の曼荼羅なり。中に於て、四面に蓮華を刻したるを、華形壇と云ふ。上に向きたる八葉二重は、金剛薩埵より、拳菩薩に至る迄の、慧門の十六大菩薩を表し、下に向ひて垂れたる二重の八葉は、金剛波羅蜜より、鈴菩薩に至る迄の、定門の十六大菩薩、天女を表す。又、華葉の上に向きたるは、上求菩提の義、下に垂れたるは、下化衆生の義を表す。又、四方に各々三十二を具するは、各具五智の義を表す。卽ち、阿閦等の四佛に、各々定慧二門の十六大士の功德を具足する義なり。又、第七圖の壇には、必ず、壇敷と水引とを用ひるを法とす。其れに就いては法あり、師に隨つて傳ふべし。又、華形壇に、壇敷と水引との用否は、流義に依つて不同なり。又、第八圖の、東寺御影堂の大壇は、華葉は青色にして、各華葉に畫ける三瓣寶珠は、金色なり。

靑色は金剛界の色法に依れば、東方菩提心の色を顯し、胎藏法の色法に依れば、西方無量壽の色を顯す。即ち本有の菩提心、常住不變の義を表するなり。又、三瓣寶珠は、三十二尊の三摩耶形にして、三十二尊皆悉く、灌頂寶部の三昧耶に入り給ふ義を表す。但し、大壇の色は、金色を以て普通と爲す。

第九圖　八獅子禮盤

佛頂尊勝陀羅尼念誦儀軌(不空譯)云く、然於壇前、安庫脚牀子、去地半寸、或茅草薦、或藉以淨物と。

成就妙法蓮華經王瑜伽觀智儀軌(不空譯)云く、於壇西面、應置庫脚牀子、可去地半寸已來、以淨茅薦、用敷其上と。

台密東密共に、圖の如き高座を以て、禮盤と爲せり。一方面に二箇の獅子を刻し、四方面合して八箇の獅子あるを以て、八獅子の座と云ふ。大日經第一住心品に云く、菩薩之身、爲獅子座と。同疏の第一に釋して云く、今此ノ宗ノ明ス義ヲ、言獅子者、卽是勇健ノ菩提心、從初發意以來、得精進大勢、無有怯弱、猶如獅子隨所執縛必獲無遺、卽是、自在度人無空過義也と。今、因位の菩提心を以て、獅子座と云ふ、八獅子は卽ち、因位の八識を表するなり。

第十圖　一獅子禮盤

獨一實相の菩提心を表して、一獅子を以て座と爲す。金剛頂略出經第一に依るに、四面方等の獅子座は、大日如來の座なり。又、東寺御影堂の圖の如き、禮盤を用ひるあり。惣して、禮盤の四面方等なるは、菩提心の大地を表す。行者、本有の菩提心に安住して、能令三業、同於本尊の觀行を修する義なり。東京靈雲寺安流は、正しく經軌の説に依つて、庳き座を用ふ。菩提場所説一字頂輪王經第二(不空譯)云く、眞言修行者、不レ應下座二高牀一而觀中本尊像上と。

第四　大壇上四橛

第十一圖　胎藏法橛

橛の兩首を、すぼめる八葉の蓮華形に爲すものなり。

第十二圖　金剛界橛

橛の兩首を、獨鈷金剛杵に作るものなり。

仁王護國般若波羅蜜多經道場念誦軌儀(不空譯)云く、於壇四角釘佉陀羅木橛、如無此木、鐵橛、紫壇木橛亦得、十二指入地四指と。

成就妙法蓮華經王瑜伽觀智儀軌云く、如無此木、鑄銅作橛、代之亦得と。

阿閦如來念誦供養法(不空譯)云く、熾盛獨股杵、徹至金剛際、想除地過患と。

大威德烏芻澀麼儀軌(不空譯)云く、當用金剛橛乃至相合成三鈷と。

弘法大師請來錄云く、五寶金剛橛四口と。　智證大師請來錄云く、鎭壇橛四枚と。

圓行請來錄云く、金剛橛四と。

四橛は、自身の淨菩提心の大地を守護せんが爲に、金剛杵の橛を、大壇の四隅に打つて結界を爲すなり。　橛は佉陀羅木を用ひるを本儀とすれども、無き時は、餘木又は、銅鐵等を代用し得るは、儀軌の如し。　又、阿閦軌等は、獨鈷杵と爲し、烏芻澀麼軌は、三股杵と爲せども、室生山所藏の大師請來の四橛は、獨鈷杵なるを以て東密は、之れに依る。台密も亦、獨鈷杵の橛を用ひるなり。圖樣は、獨鈷杵の首の上に、八葉の蓮花、其上に仰月、其上に一瓣の寶珠を置く。即ち室生山の橛の樣なり。但し、最上に寶珠を置くは、灌頂の所須なり。本法に隨つて、或は蓮華を安じ、或は獨鈷首を置く等、意得あるべし。

第五　門標

第十三圖　圓柱形門標

大日經第一入曼荼羅具緣眞言品第二云く、門標旗量等と。

圓柱上に蓮華あり、其上に、仰月、其上に一瓣の寶珠を置くなり。

第十四圖　獨鈷杵形門標

獨鈷金剛杵の首上に、蓮華、仰月、寶珠を置くことは、前の如し。又、寶珠を置くに就いては、四橛に准じて知るべし。以上の二は、東密の所用なり。但し東密は、見諦の阿闍梨所作の深祕の壇に依つて、大壇に門標を立てず、壇線を以て周斷す。行法を修する時は、線を揚げて作法す。又、靈雲寺安流は、大日經第五祕密曼荼羅品に依て、西面に一門を建つること、台密に同じ。

第十五圖　台密用門標

大日經疏第六云く、夾レ門皆豎二幢旗一、以爲二幖幟一、謂二之門幖幟一、二標相距尺量、令下與二中胎一正等上、上置二横括一、其亦然、幢竿上、皆置二偃月一と。

台密諸流は、此疏の釋に依つて、横括ある門を用ふ。但し、三昧流にては、東密に同じく、門標を建てざるを本儀とせり。

第六　大壇上寶輪と羯磨

第十六圖　八角形寶輪

第十七圖　八輻形寶輪

金剛峯樓閣一切瑜伽祇經（金剛智譯）金剛吉祥大成就品第九云く、手持八輻金剛寶輪と。

大樂金剛不空眞實三昧耶經般若波羅蜜多理趣釋下（不空譯）云く、應建立曼荼羅、畫八輻輪形と。

以上の二經は、八輻輪の本據なり。又、八角は、八輻を略示するものなり。

第十八圖　輪臺

佛說陀羅尼集經第四云く、於壇中心、安十一面觀世音、以爲座主蓮華座上、安置輪形と。

此經は、壇上の中心に輪を置くと、輪臺に、蓮華座を用ひるとの典據なり。

金剛頂瑜伽一字頂輪王一切時處念誦成佛儀軌（不空譯）云く、金剛表極堅、圓顯福智滿、利爲無戲論、斷壞諸妄執、光表一切智、除破諸愚瞑、以是現輪形と。

傳敎大師請來錄云く、金剛輪二口と。　弘法大師請來錄云く、五寶輪一口と。

大壇の中央に、輪を置くは、金剛界大日の三昧耶身なるを以てなり。　又、大壇は、卽ち、輪壇曼荼羅なる義を示す。　常途には、八輻は八正道支を表す。　卽ち、八正道の車に乘せて、菩提道場に運轉するの義なり。　祕密に於て、此義なきには非ざれども、摧破の義を本とすることは、時處軌の如し。　卽ち因位の八識の人法二執を摧破し、生滅斷常一異去來の、八迷の戲論を斷壞する義を表す。　祕密道具の法輪、及び大元供の輪等、之れに准じて知るべし。　又、八輻輪の外に、十二輻輪、千輻輪、三鈷輻輪、蓮華輪等あり。　師に隨つて傳ふべし。

第十九圖　三鈷十字羯磨

佛說陀羅尼集經、第四七日供養壇法を說く下に云く、其外院四角、各安二交叉二跋折囉一如二十字形一と。　同經、第九軍茶利金剛受法壇を說く下に云く、四角各安二二跋折囉一、各交叉、如二十字形一と。

以上は、大壇の四隅に、羯磨杵を置く本據なり。　金剛頂瑜伽護摩軌に、羯磨跋折囉と、獨股羯磨と、蓮華羯磨との三を說く中に、羯磨跋折囉は、卽ち三鈷羯磨杵なり。弘法大師請來錄云く、五寶羯磨金剛四口と。傳敎大師將來目錄云く、金剛羯磨二口と。三股は、身口意の三業を表す。俗に云ふ手擧がりの形にして、事業成辨の義を表す。三股杵を十字に交叉するは、四方面に對して、事業成辨の遺憾なきを表す。卽ち北方不空成就佛卽ち釋迦の三昧耶身なり。壇の四隅に安くは、四智の事業成辨を表す。又、隅角に置くことは、自證化他を兼ねて成ずる義なり。又、羯磨の十二股なるは、卽ち十二因緣を表す。北方釋迦佛は、四諦十二行の法輪を轉じて、流轉の十二因緣を摧破し、涅槃の十二因緣と爲すの義を表す。興敎大師云く、羯磨は、輪の眷屬なりと。

第二十圖　羯　磨　臺

一字佛頂輪王經第五(唐菩提流志譯)云く、其四角隔、各畫二金剛杵、十字交叉、如是印等、蓮華臺上、如法畫之と。

金剛頂瑜伽中略出念誦經第三、五佛の三昧耶身を説く下に云く、夜叉方輪壇花座、畫羯磨跋折囉形如十字皆有鋒刄と。

此經は、羯磨の名稱と、羯磨の臺とを説く本據なり。東密には、輪、羯磨、共に蓮花の臺あれども、台密には、臺なし。

佛説陀羅尼集經第九云く、五方各畫二跋折囉、十交著と。

仁王護國般若經道場念誦軌儀云く、於壇四角畫三股半金剛杵と。

蘇悉地羯囉經第二(善無畏譯)云く、於四角外作三股拔折羅と。

此等の經軌は、異説なり。

第七　大壇上五瓶と華

第二十一圖　普通樣瓶

一字寄特佛頂經上(不空譯)云く、缾中置諸寶及諸種子幷香水令滿、以細繒帛繫其項、安於壇四角及中央と。

佛說陀羅尼集經第二云く、取㆓五寶瓶㆒各受一斗と。　又云く、將㆓其花瓶㆒從㆓東北角㆒安㆓一瓶㆒、東南角安㆓一瓶㆒、西南角安㆓一瓶㆒、西北角安㆓一瓶㆒、正中心安㆓一瓶㆒と。

五瓶は、五寶と五香と五藥と五穀との二十種の物と、井花水とを入れ、馥郁たる花を挿みて蓋と爲し、壇上の五方に置いて、五智の如來に供養するなり。　瓶は、卽ち、南方寶生如來の三昧耶身なり。　大日、寶幢、開花、無量壽、天鼓の五佛に供養するを以て、瓶を莊飾する瓶帶、卽ち綵帛と、蓋に用ひる花とは、方位相應の色法に依る。卽ち東北は赤、東南は黃、西南は靑、西北は黑、中央は白等なり。　更に問へ。　惣じて迦羅奢瓶は、寶物を盛る器にして、立花器にあらざるなり。　中瓶は、四隅の瓶より一層大なるべし。　又、普通樣は、弘法大師請來の樣なり。　經軌に、四瓶を說くは、是れ印度の輪王の灌頂に、四大海水を四瓶に汲みて、灌頂を行ずるに准じたるものなり。

第二十二圖　瓶

慈覺大師請來の樣、東京淺草傳法院の所藏を模寫す。　比叡山に於て、慈覺大師の遠忌には、件の五瓶を以て壇上を莊嚴せり。瓶の圖様、入唐八家の請來に不同あるべし。

第二十三圖　一莖一葉蓮華

花一莖に、一枚の荷葉を添へたるは、一法界を表す。東密澤方と、小野勸流等の所用なり。

第二十四圖　三莖蓮華

三莖は、胎藏三部、卽ち大定智悲を表す。東密安流等の所用なり。

第二十五圖　五莖蓮華

五莖は、金剛界五智を表す。東密醍醐諸流の所用なり。台密亦之を用ふ。

第二十六圖　五莖菊華

台密諸流は、多く菊花を用ふ。　東密も、亦敢て菊花を用ひるを妨げず。

大日經第二入曼荼羅具緣眞言品第二之餘云く、枝條上垂、布テ間插華果實と。

同經疏第八云く、於瓶口插以寶花、或隨方土所有花、取其花果條葉茂好圓具者、使間錯垂布、令極端嚴と。

法華觀智儀軌云く、於缾口內、雜插種種時花枝條と。

佛說陀羅尼集經第一云く、其五瓶中、各插楊枝栢枝竹枝雜華果枝、皆幷葉用、以用綵帛各長四尺、繫雜果枝上と。

同經第十二云く、若無生花、以綵花充と。

灌頂壇には、東密台密共に、師傳に依つて、或は蓮華、或は菊花の綵花を用ひるを以て常規とす。　其花の色、方位に隨ふことは前の如し。　花は卽ち、南方開敷華王如來の三昧耶身なり。

第八　佛殿莊嚴用華鬘

第二十七圖　普通樣華鬘

大日經第二具緣品第二之餘云く、是等鮮妙華、吉祥衆所レ樂、採集以爲レ鬘と。

同經疏云く、謂雜錯莊嚴、或綴或結と。

蘇悉地羯羅經中に云く、以作二各華枝條一作レ鬘、繫二其門柱及角幢上一と。

瞿醯壇哆羅經中云く、復於二四面一各豎二二門一、於レ上懸二鈴傘蓋及拂幷與花鬘一と。

普通樣の花鬘は、金屬にて作りたる物にして、東密諸流と、台密法曼流等の所用也。

第二十八圖　組糸鬘

組糸を以て、圖の如く結ひたるもの、卽ち、台密三昧流等の所用なり。

第二十九圖　種字鬘

圖の如く、蓮華座上に、金剛鬘菩薩の種子の字を彫りたるもの。台密に於て、之れを用ひる流あり。此外に、牛皮或は木造等の、種種の形ありと雖、之れを略す。華鬘は、金剛界には、內の四供の金剛鬘天女菩薩、胎藏法には、五供養の中の華鬘菩薩の三昧耶形なり。 花は、果實を保護し、育成するものなる故に、大悲萬行の因を表す。 因は必ず果を結ぶべきものなる故に、其の圓形は、果滿の義を表す。 是れ卽ち、因位の功德果位に輻輳して、悉く佛果の功德と成るといふ深義を表す。 卽ち因果不二の意なり。 惣じては、佛果圓滿の義を表するなり。 又、幢と幢との間に鬘をかけて莊嚴するは、幢の因行を表するに對して、佛果圓滿の義を表するなり。

第九　五種鈴と五金剛杵

第三十圖より第三十五圖に至る

金剛頂蓮華部心念誦儀軌云く、次結二振鈴印一、右杵左振鈴、心入二聲解脫一、觀二照般若理一と。

諸佛境界攝眞實經下(般若三藏譯)云く、振二金剛鈴一三遍と。

攝大毗盧遮那成佛神變加持經入蓮華胎藏海會悲生曼茶攞廣大念誦儀軌(善無畏譯)云く、次執二金剛杵一、抽擲、振二金鈴一と。

耳露軍荼利菩薩供養念誦成就儀軌云く、從師受金剛、及受金剛磬と。

以上は、金剛鈴の本據なり。

金剛頂瑜伽中略出念誦經第四云く、師以觀羽(右手)執五股拔折囉、授其雙手と。

蘇婆呼童子經上(善無畏譯)云く、金剛杵法者、一一皆須而作五股、淨妙端嚴、勿使闕減と。

佛說陀羅尼集經第二作跋折囉法云く、兩頭三股と。　又、跋折囉功能法相品云く、湧出三股跋折囉形と。

大樂金剛薩埵修行成就儀軌(不空譯)云く、如獨鈷金剛と。

陀羅尼門諸部要目(不空譯)云く、杵五股三股一股、長十六指爲上、十二指爲中、八指以爲下、乃至一指節爲下と。

以上は、金剛杵の本據なり。

傳教大師將來目錄云く、五鈷拔折羅樣一口、五鈷金剛鈴樣一口と。　又云く、眞言和上付法印信三鈷跋折羅一口と。

弘法大師請來目錄云く、五寶五鈷金剛杵一口、五寶五鈷鈴一口、五寶三昧耶杵一口、五寶獨鈷金剛一口と。

慈覺大師請來目錄云く、金銅五鈷金剛鈴一口、金銅五鈷金剛杵一口、金銅獨鈷金剛杵一口、金銅三鈷金剛鈴一口と。

智證大師請來目錄云く、灌頂三昧耶五鈷杵一口、五鈷金剛鈴一口と。

靈巖寺圓行請來目錄云く、三鈷鈴一、五鈷鈴一、卒都婆鈴一と。

禪林寺宗叡請來目錄云く、五鈷鈴三口、二口小 三鈷鈴二口、一口小と。

尾州天王坊（維新の際廢寺と成る）覺融師の三部鈔口決輯考云く、五種鈴は、東寺五家の隨一、禪林寺宗叡の請來なり。 天台眞言共に用之莊之と。 又云く、不灌鈴云、圓城寺僧正口決云、五部鈴杵者、卒都婆鈴、以輪爲杵、杵上置之、五鈷鈴、五鈷杵、寶鈴、寶杵、一鈷鈴、一鈷杵、三鈷鈴、三鈷杵、三鈴前來寶鈴、一鈷鈴、貞觀寺僧正和尚私所造也、以我說眼前傳之と。

惣じて論ずれば、五種鈴は、金剛界五部五智の說法を表す。塔鈴は佛部、五鈷鈴は金剛部、寶鈴は寶部、獨鈷鈴は蓮華部、三鈷鈴は羯磨部の說法なり。又、杵は內證を表はし、鈴は外用を示す。然るに、輪を以て塔鈴の杵と爲す說は、不可なり、取るべからず。何となれば、果して然らば、羯磨を以て、餘の四鈴の杵と爲すべし、既に然らざる故に、輪を以て、塔鈴の杵と爲すべきにあらざるなり。　台密には、五鈷杵を以て、塔鈴の杵と爲し、東密には、塔鈴に具すべき塔杵を傳へたり。

理趣釋經云く、金剛加持者、表如來十眞如十法界十如來地、以成上下十峯金剛大空智處、加持者、表如來於中道、十六大菩薩普賢智アリ、從此展轉流出、共メ成三十七位、以成解脫輪大曼荼羅と。

諸部要目云く、金剛杵者、菩提心義、能壞斷斷常二邊、契中道、中有十六菩薩位、亦表十六空、爲中道、兩邊各有五股、五佛五智義、亦表十波羅蜜、能摧十種煩惱、成十種眞如、便證十地と。

以上は、五鈷金剛杵標幟の本據なり。

五鈷は、五智を表す。　中鈷は、法界體性智なり。　中鈷の四方節は、四波羅蜜を表す。金剛界曼荼羅の、五解脫輪の中輪と對照して知るべし。　古來、四方の鈷にある爪の如き節を以て、四波羅蜜と爲す傳あれども、今は取らず。　四方の鈷の爪の如き節は、四攝智を表し、四方の鈷の爪の如きものゝ下にある、横の二の筋は、内外の八供養を表す。　斯の如く、五智に定門の十六尊を具するは、定慧不二の深旨を表するなり。又、四方の鈷の内に向つて曲れるは、四智は法界體性智に歸する義を示す。蓋し、用は、體に歸するを以てなり。腰の上下の八葉は、慧門の十六大菩薩を表し、中間の四箇の鬼目は、地水火風の四大神を表す。是れ即ち金剛界の三十七尊を具足する義なり。一方は、佛界修生の三十七尊を表し、一方は衆生界本有の三十七尊を表し、合して一杵なるは、生佛不二、本修不二を示す。又、五鈷杵は、東方阿閦如來の菩提心門の三昧耶身にして、寶杵は、南方寶生如來の福德門の三昧耶身なり。即ち、菩提心の如意寶珠は、種々の寶を雨らして、世間と出世間とを賑はす義を示す、即ち大悲萬行なり。獨鈷は、西方阿彌陀如來の智慧門の三昧耶身にして、獨一實相の菩提の妙智は、本性清淨なる義を示す。三鈷は、北方不空成就佛の大精進門の三昧耶身にして、三鈷は、身口意の三業平等の義を表し、三業平等無碍にして、一切の佛事を成辦するの義なり。塔杵は、風鈴等の種々の莊嚴ある塔なるを以て、修生顯得の金剛界大日如來の三昧耶身なり。又、五種鈴に、金剛盤を用ひるあれども、之れなきを以て本儀とするなり。

第十　大壇上金剛盤

第三十六圖　大金剛盤

醍醐三寶院、竝に遍知院灌頂道具の內の金剛盤なり。

第三十七圖　大金剛盤

弘法大師請來、東寺所藏の樣なり。

第三十八圖　小金剛盤

弘法大師請來、東寺所藏の樣なり。　小金剛盤は、二枚ありて、大金剛盤の左右に斜に置き、獨鈷と三鈷とを置く盤なり。

第三十九圖　蓮華形小金剛盤

此亦二枚ありて、大金剛盤の左右に置き、横に獨鈷と三鈷とを安く臺なり。 仁和寺は、此の小盤を用ふ。

金剛盤は、未だ經軌の說を見ず。又、弘法大師の請來目錄に金剛盤子一口とあれども、金剛盤なりや明了ならず。 餘の七家の請來錄中にも之れなし。 盤の圖様は、四葉の蓮花を表すと傳ふ。 卽ち心蓮花なり。

第十一　大壇上四面器

第四十圖　四面器の一面陳列

妙法蓮花經王観智儀軌云く、於壇四門兩邊、各置二閼伽器、滿盛香水、中著鬱金、泛諸時花、極令香潔、又、於四門、置四香爐、燒五味香、以用供養、又、於四隅、各置銅燈臺、酥油爲明と。又云く、應依儀軌、隨其力分、於壇四面、皆置色香美味ノ種種ノ食飲粥酪飯、甜脆ノ果子、及諸漿等、及塗香、粖香、時華、燒香、燈燭、所供養物、應シ以新淨金銀器、銅器、及好瓷器、無破缺漏、未曾用者、以盛飲食と。

金剛頂一切如來眞實攝大乘現證大敎王經上(不空譯)云く、賢瓶、閼伽水、燒香、華、塗香、燈明、飮食、金銀寶器盛、及以淨瓷等乃至陳設壇四邊諦心爲供養と。

金剛頂瑜伽千手千眼觀自在菩薩修行儀軌經(不空譯)云く、置閼伽器滿盛香水乃至毎日取種々時華散於壇上燒香、塗香、燈明、飮食、及諸果子、加持分布四邊、供養と。

閼伽と、塗香と、花鬘と、燒香と、飮食とを盛る器と、燈明臺とを、大壇上の四方面に陳列するを以て、四面器と云ふ。(燈明には、壇上に臺を置くと、上より盞を鈎るとの兩方あり。) 現に、大和室生山所藏の熟銅の四面器は、弘法大師の請來にして、惠果和尙が、鑄博士揚忠信に命じて、新に鑄造せしめて、大師に授け給ふ物なりと傳ふ。入唐八家の請來に、各々不同あるべし。 日本の阿闍梨の意樂に隨つて造りたるものあるを以て、其圖様に、種々あるべしと雖、今は且く、其一二を示すのみ。 又、一面器、卽ち六器と、火舍と、飮食器二箇、瓶二本、燈臺二基を以て、祖師壇を莊嚴し、供養するを、十面器と云ふ、大壇の物より、惣して小形なるを用ふ。

第十二　大壇火舍と六器と飮食器と供物器

第四十一圖より第四十七圖に至る

四面器中の燒香器を、火舍と云ふ。第四十一圖の普通樣は、卽ち、弘法大師の請來の形にして、台密東密、多く之れを用ふ。西大寺流の傳には、火舍の形は、五大を表すと云ふ。更に問へ。蓋に、雲の形を彫るは、供𩜙雲海の義を表す。第四十三圖の火舍は、淺草傳法院の所藏を模寫す。但し、蓋はなし。第四十四圖は、普通六器の一箇を示す。第四十五圖は、此れ亦、淺草傳法院所藏を模寫す。六器とは、前供の閼伽塗香花鬘の三器と、後供の同三器とを云ふなり。第四十六圖の飮食器は、鉢多羅より轉化せる形にして、鉢多羅を本儀とすと傳ふ。比叡山にては小形の鉢多羅を以て、四面壇を莊嚴せり。第四十七圖は、陀羅尼集經等に、盤子と說くものなり。

第十三　大壇脇机用塗香と灑水との二器

第四十八圖　息災法及佛部法用二器

惣して內に、我他彼此の、人我の妄見妄執有つて、外に種々の災禍起る。我他彼此隔別の妄念を亡し、人我の妄執を脫して、平等の正見に住すれば、能災者なく、所災者なし。是れ眞の息災なり。三鈷は、心佛衆生の三平等を表するが故に。蓋に三鈷の取手あるを、息災法相應とす。又、眞如平等の理を實證して、大定智悲の三德具足するを佛と爲すが故に、佛部修法の所用なり。

第四十九圖　增益法及寶部法灌頂用二器

衆生の希願に隨ひ、世間出世間の義理を與へて、滿足せしめ、以て正道に引進するを增益と云ふ。如意寶珠の珍財を雨らして、衆生を恤賑するが如くなるが故に、蓋に、寶珠の取手あるを、增益法相應とす。寶部の所用と知るべし。又、灌頂は、南方寶部の三昧なる故に、灌頂の所用なり。唯二器のみならず、四橛、門標等に寶珠あるは、多くは灌頂の所用なり。

第五十圖　調伏法及金剛部法所用二器

自身他身の惡業煩惱を摧破し、惡心を摧破して、正道に歸せしむるを、調伏と云ふ。獨鈷金剛は、摧破を以て力用と爲すが故に、葢に獨鈷首の取手ある二器を以て、調伏法相應とす。　又、金剛部は智にして、惑業苦を斷壞するが故に、金剛部の修法の所用なり。

第五十一圖　敬愛法及蓮花部法所用二器

蓮華は、其華は他に勝れて美麗に、其香馥郁として芳しく、人の爲に愛せらる、世に愛蓮の說あるを以て知るべし。　又、淤泥より生して淤泥に染まず、本性淸淨なり。汚穢は人の厭ふ所、淸潔は人の愛する所なり、故に、葢に、蓮花の取手ある二器を以て、敬愛法相應とす。　蓮花部法の所用なることは知るべし。

第五十二圖　普通諸部用二器

二器の蓋に、三昧耶形の取手なきを以て、本法に随つて、蓋上に、其三昧耶形を觀して使用すべし。又、蓋に、寶珠の取手ある二器を以て、諸部諸法に通用することを得べし、更に問へ。

第十四　妙香印紇哩字香爐

第五十三圖　香爐の全體

觀自在菩薩大悲智印周遍法界利益衆生薫眞如法(不空譯)亦名妙香印法軌

此軌に、香爐の功德等を委しく說けり。文長き故に、之れを引かず。顯密の經軌に於て、香爐の圖樣を說くは、唯此軌のみなり。本圖は相承の圖樣なり。

第五十四圖　香爐蓋

同軌云く、其香爐、蓋上ニ可レ雕ニ嚩日羅〈二合〉達磨ノ字、首ニ加ニ唵字、以爲ニ五字一可レ旋レ順。其蓋ノ中央、應レ立ニ三昧耶形、一鈷杵上、安ニ開八葉蓮華一是也、如上五字、圍ニ繞此三昧耶、三昧耶者、是本誓之形也と。

香印は、𑖮𑖿𑖨𑖱𑖾字なるを以て、蓋上の文字と合して、[梵字][梵字][梵字][梵字][梵字][梵字]となる、卽ち阿彌陀の眞言なり。

第五十五圖　香印文

同軌云く、其香爐含ニ攝觀自在周遍法界之相一、以レ何爲レ相、其香印、應レ作ニ紇哩二合文一、不可得理、攝ニ四種義一、𑖮𑖨𑖂𑖀𑖾合ニ成一字一、其梵文𑖮𑖿𑖨𑖱𑖾是也と。

香印の文は、阿彌陀の種子の𑖮𑖿𑖨𑖱𑖾字なり。　極樂往生を願ふ者は、此の香爐に於て、燒香供養すべきなり。

第十五　金剛杵

第五十六圖　都五鈷杵

大日經疏第十六云く、此兩頭卽五股也、此印周匝、作ニ四鎌狀一、如ニ四金剛一、其中有レ一、如ニ五股而不開也と。

都五鈷杵は、本有の淨菩提心に具する所の五智を表す。本有なる故に、未だ開顯せざる狀なり。卽ち獨鈷杵の如し。又、五智の二而不二を表す。此杵、何人の相承なるや、未詳なり。

第五十七圖　鬼面獨鈷杵

第五十八圖　鬼面五鈷杵

前の五種鈴の段に明す。普通の獨鈷杵、五鈷杵と、敢て別なるには非ざれども、鬼面を以て、地水火風の四大神を顯すを異とす。

第五十九圖　九鈷杵

古來より、大威德明王の修法に、九鈷杵、九鈷鈴を使用すと相傳すれども、本朝所在の經軌中に、之れを說かず。又、八家の請來にあらず。故に、其相承と標幟とを詳かにすること能はず。此圖は、上野輪王寺門跡、大照圓朗阿闍梨の所藏品を模寫す。又、西藏の密敎には、九股杵、九股鈴を使用せり。

第六十圖　二鈷杵

第六十一圖　四鈷杵

慈氏菩薩略修愈誐念誦法下(善無畏譯)云く、誐馱囉二合者、或金、銀、熟銅、賓鐵、白檀木、紫檀木等、以二五金一鑄、或五股四股三股二股獨股等と。慈氏の法を修して、悉地を得る成就物中に、四股と二股とあり、未だ其標幟を傳へずと雖、五股杵等に准じて知るべき歟。

第六十二圖　雲形五鈷杵

高祖大師の請來目錄に、五寶五鈷金剛杵一口とある、卽是れなり。東寺の所藏にして、御修法大阿闍梨、此杵を持して、畏くも　玉體加持を奉修する法具にして、眞言密敎の重鎭なり。四鈷に、雲形の如きものを刻しあるを以て、稱して雲形五鈷杵と云ふ。雲形は、雲の太虛に遍するが如く、五智の功用、法界に周遍することを表するなり。

又、四鈷の三箇の雲形は、金剛界の四智の各々に、胎藏の三部の功德を具する義を表す。鬼目の所に、二八十六箇の寶珠形の穴を彫るは、賢劫十六尊を表す。更に問へ。台密には、火焰五鈷杵と云ふ、五智の光炎を表するなり。

第六十三圖　鬼面五鈷杵

慈覺大師請來目錄に、金銅五鈷金剛杵一口とある、卽是れなり。標幟の說明は、台密の阿闍梨に就いて傳ふべし。叡山前唐院の所藏なり。

第六十四圖　二方五鈷杵

一方は二鈷、一方は三鈷なり。合して五鈷の故に、二方五鈷と云ふ、卽人形なり。

第六十五圖　人形五鈷杵

六十四圖の、二箇の二方五鈷杵、相合したる形なり。人形杵は、瑜祇經所說の愛染染愛の敬愛法の所用と傳ふ。金寶抄云く、以₂堅木₁可₂造、櫻尤吉也と。寛運阿闍梨云く、人形五鈷、貞觀寺往古目錄在₂之と。靈巖の口傳に云く、重ねて用ひる時、二方十鈷也、五鈷、契右染愛左愛染歟、定慧和合之契と。

雷斧云く、人形五鈷杵は、未だ經軌の本說を見ず。又、入唐八家の請來にあらず。醍醐の流に、之れを傳ふと雖、野澤諸流、多く之れを相承せず。之れを以て考ふれば、法三の說に依ると云ふと雖、彼の立川の邪流より出でたるものならざる歟、頗る疑問なり。

第十六　唐鈴と同五鈷杵

第六十六圖　唐製五鈷鈴

五鈷は、五智を表す。智の猛利なるを示して、四方の鈷に、鬼面を刻す。上の八葉二重は、慧門の十六大士を表し、中間の鬼目は、地水火風の四大神と、同妃とを表し、下の八葉二重は、四波羅蜜等の、定門の十六天女菩薩を表し、鈴上平面の十葉の蓮花は、一葉に百佛を攝して、賢劫千佛を表す。四天王は、外金剛部の二十天を表し、三鈷は、二十天の妃を表す。即ち一天に五を攝し、以て金剛界羯磨會の曼荼羅を、全く表するものなり。此鈴は、老衲の所持なり。

第六十七圖　唐製五鈷杵

朝鮮の國寶、高麗時代の物。

第十七　灌頂三摩耶戒場用具

第六十八圖　禮堂用幢

大日經第二具緣眞言品第二之餘云く、四方繒旛蓋種種色相間と。

瞿醯壇哆羅經中云く、次以其帳幕、圍繞其所、建竪幢旛、遍圍作鬘と。

又云く、其旛竿者端直及長セヨ、各於八方、去處不遠、如法安置、東著白旛、東南紅旛、正南黒旛、西南烟色旛、西方赤色旛、西北方青色旛、正北黄色旛、東北赤白旛、如是八色、隨方而置、乃至或若不ㇾ辨、但於二四門一而置、或但東方置二一白旛一と。

台密は、瞿醯經の意に依て、内庫の四圍に、白絹或白麻等の幔幕を張り繞らして、之れを圍ひ、又方位に隨つて、八色の幢をかけ、幢と幢との間に、花鬘をかけたり。　戒場も亦、之れに准ず。　東密は、唯禮堂卽ち戒場にのみ幢をかけ、其幢と幢との間に、兩箇の花鬘をかけ莊るを規とす。　台密は、戒場の惣體を、壁代を以て圍ひ、東密は、唯戒壇のみ、壁代を以て圍ふ、以て異とす。

幢は、淨菩提心の標幟にして、金剛界には、南方の四親近の隨一、金剛幢菩薩、胎藏法には、地藏菩薩の三昧耶身なり。　何れも、寶部の尊なり。　幢頭の三角なる手足の末の更に三角なるは、如意寶珠を表す。　若、金剛界に就いて釋すれば、中央の一手は、大日を表し、二枚なるは、內證の理智を表し、左右合して八手の各二枚なるは、慧門十六大菩薩を表す。　地體の四箇角は、四佛を表し、四足は、四智より流現する四攝の行を表す。　卽ち、四攝智菩薩なり。　四波羅蜜は、四佛に攝し、內の四供と外の四供とは、四攝の天女使に攝す。　惣して淨菩提心如意幢に、三十七智、卽ち三十七菩提分法の、功德を具する義を標す。　若、胎藏法に依つて釋すれば、中央の一手は、中臺大日を表し、地體の四箇の角は、遮那内證の四智を表し、左右合して八手あるは、八葉の尊を表し、八手各二枚なるは、自證化他の功德を表し、四足は、曼荼羅四方の第三重、外金剛部を表す。毘盧遮那の大悲應きに隨つて、種種所憙見の身を現し、種種所宜聞の法を說き、種種の觀照門を開いて、無量の衆生を救度することの無限なるを表して、足は長きなり。惣じて眞淨菩提心に、胎藏の、中臺四重曼荼羅の功德を具する義を表す。更に惣じて釋すれば、幢旛は、南方修行門の標幟なるを以て、四箇の角には、三瓣寶珠を書くべし。

第六十九圖　戒壇八角天蓋

三摩耶戒壇の天蓋は、未だ其本說を見ずと雖、大阿闍梨は、毘盧遮那の三摩地に住して、授戒するを以て、卽ち現前の大日如來なる義を標幟して、天蓋を以て之を覆ふ。又、四方四隅に、各幢一枚、合して八枚をかけて荘れり。其の幢には、金剛界三十二尊の三昧耶形を書く。阿闍梨内證の五智と相合して、卽ち三十七尊なり。金剛界曼荼羅の諸尊、大阿闍梨を恭敬圍繞する義を表す。又、深祕には、阿闍梨内證の金剛界會の曼荼羅を表すと云ふべし。即ち現前の大阿闍梨、心內の曼荼羅を開顯して、三摩耶戒の曼荼羅と爲つて、弟子を引入する義なりと云ふべし。八角の天蓋には、八方のわらび手に、幢一枚つゞを掛くべし。

第七十圖　同四角天蓋

若し四角天蓋を用ふれば、東南の手に東方と東南方との幢をかけ、西南の手に、南方と西南方との幢をかけ、西北の手に、西方と西北方との幢をかけ、東北の手に、北方と東北方との幢をかくべし。又、天蓋の四方に末を三角形にして、垂れ下げたる帛を、寶散と云ふ。即ち如意寶珠を散したる形なり。經に、大寶蓋と說くは、即ち是れなり。

第七十一圖　玉旛

妙法蓮華經王瑜伽觀智儀軌云く、又、於㆓四角㆒、各竪㆓幢旛㆒と。
大日經疏第十六云く、建㆓大摩尼幢㆒、幢以㆓摩尼㆒作也と。

諸の寶玉を以て瓔珞として、莊飾したる幢なるが故に、玉旛と云ふ。小野廣澤等、其圖樣一准ならずと雖、南方修行門の標幟なり。壇の四角に立つるは、行者修行の功德を以て、四佛に供養する意なり。又、略して、壇の前面の左右に、一枚づゝ立つることあれども、四隅に立つるを以て、本儀と爲すなり。

第七十二圖　玉旛用龍頭

天龍八部等、幢旛寶蓋等を捧げ持ちて、佛に供養せしに擬して、龍頭を用ひるなり

第七十三圖　片供

大日經第一具緣眞言品第二云く、奉塗香花等、供養諸聖尊、應授彼三世無障礙智戒と

同經疏第五云く、次當授與塗香華等、敎テ令運心シテ供養諸尊、然後、爲受シメヨ三世無障礙智戒ヲと。

金剛頂瑜伽中略出念誦經第四三摩耶戒の下に云く、次以此密語、加塗香、已テ塗諸弟子ノ掌中、乃至告弟子言、願汝等、具一切如來戒定慧解脱解脱知見之香アル

白華一ヲ、持シ以テ授ケヨ、乃至如レ是告言ク、願汝得ニ一切如來三十二大丈夫相一、次持ニ香爐一、薰ニシテ弟子ノ雙手一ニ、以ニ此密語一加之、乃至如レ是告言、願汝獲ニ得一切如來大悲滋潤妙色一と。

三摩耶戒場に於て、大阿闍梨が、弟子に敎へて、曼荼羅の諸尊を供養せしめんが爲めに、又、弟子に授けて、五分法身等の、諸功德を得せしめん爲に、作法する時に用ひる、閼伽と塗香と花鬘との器を片供と云ふなり。圖の如き、閼塗花器、前供の分と、後供の分と、六箇ありと雖、唯、前供の分のみを以て、作法するが故に、片供と名づく。澤方にては、後供の分を、小壇所に使用せり

第七十四圖　卍字香爐

片供に倶ふる香爐なり。卍字即ち梵文のअ字と傳ふ。अは、吾我不可得を字義とす。即ち大空三昧なり。大空不生の妙香烟を以て、行者の身心を薰ずれば、此加持力に由つて、煩惱妄執を淸淨ならしむ。煩惱畢竟不生の故に、佛の大悲滋潤の妙色身を顯得するなり。小野流は、片供卍字香爐は、唯三摩耶戒の所用とすれども、澤方にては、小壇所に之れを用ふ。又、卍字爐は、祖師の相承なれども、片供は

往古は、八春日を用ひたりしを、中古の阿闍梨金屬を以て造るに至れり。台密は惣して、片供卍字香爐を用ひず。

第十八　三摩耶戒壇上天蓋の幢

第七十五圖　東方

金剛頂略出經第三云く、又、於金剛部本位、畫金剛薩埵印（五鈷杵）、次畫二跋折囉、竪而相並、上下一股、互相鉤交、又畫二跋折囉、其形如箭、次畫稱善哉、作拳如彈指像と。

圓光中の三昧耶形は、次の如く、東方の四親近、薩王愛喜の四菩薩の三昧耶形なり

第七十六圖　東南方

圓光中の三昧耶形は、次の如く、金剛嬉と、金剛波羅蜜と、金剛香と、金剛鉤との、四菩薩の三昧耶形なり。

第七十七圖　南方

金剛頂略出經第三云く、次畫掌中寶珠、而具光明焰、次畫金剛日輪印、如上光明焰アリ、次畫寶幢、其上畫火焰光、次橫畫雙跋折囉、中間畫露齒像と。

圓光中の三昧耶形は、南方の四親近、寶光幢笑の三昧耶形なり。　相配して知るべし。　但し、橫に二の五鈷杵を雙べて畫くこと能はざる故に、橫に一の五鈷を畫いて、一を顯せるなり。

第七十八圖　西南方

圓光中の三昧耶形は、次の如く、金剛鬘と、金剛寶波羅蜜と、金剛華と、金剛索との、四菩薩の三昧耶形なり。

第七十九圖　西方

金剛頂略出經第三云く、次畫跋折囉、腰有蓮花、次畫金剛刀劒、具盛焰光、次畫金剛輪輻金剛、次畫其舌、具赫奕光明と。

圓光中の三昧耶形は、次の如く、西方の四親近、法利因語の四菩薩の三形なり。

第八十圖　西北方

圓光中の三昧耶形は、次の如く、金剛歌と、法波羅蜜と、金剛燈と、金剛鏁との、四菩薩の三昧耶形なり。

第八十一圖　北方

金剛頂略出經第三云く、次畫羯磨金剛、周遍皆有頭面、横畫跋折囉、其上有半跋折囉、次畫甲冑像、領袖ト有半杵形、次畫横杵、上有一牙、次畫横杵、上有二金剛拳と。

此經は、北方の四親近の三昧耶形の中に於て、牙菩薩の三形に、兩種を說けり。一は、羯磨金剛の次の横の跋折囉上の半跋折囉なり。二は、甲冑像の次の横杵上の二牙なり。餘は、次の如く、業護拳の三形なり。幢は、經に從つて、業牙護拳と次第せり。

第八十二圖　東北方

圓光中の金剛舞と、業波羅蜜と、金剛塗香と、金剛鈴との、四菩薩の三昧耶形なり。

第十九　灌頂內道場

第八十三圖　香象

經軌說かずと雖、相承の師傳に依つて、之れを用ふ。行者六牙の白象に乘じて、佛母の胎に宅する義を表す。是れ卽ち、普賢菩薩の三摩地なり。名香を燒いて薰ずることは、分別起の、人法二執の臭穢を除かん爲めなり。

第八十四圖　胎藏法大壇上天蓋の內面

守護國界主陀羅尼經第九(般若三藏譯)云く、唵字卽是、毗盧遮那佛之眞身と。

弘法大師大佛頂略念誦法云く、八佛頂の種子、右旋テ住セリ、所謂、[illegible]也と。

且く、醐醍流の樣を示す。中央の[梵字]字は、毗盧遮那佛の種子にして、四方四隅の八字は、八佛頂の種子なり。[梵字]は、光聚佛頂、[梵字]は、廣生佛頂、[梵字]は、白傘蓋佛頂、[梵字]は、勝佛頂、[梵字]は、尊勝佛頂、[梵字]は、發生佛頂、[梵字]は、寂勝佛頂、[梵字]は、無邊聲佛頂の種子なり。又、九尊の三昧耶形を畫くも可なり。壇上の中臺八葉に應じて、九尊種子を以て蓋と爲すなり。八佛頂は、攝大毗盧遮那軌等の說なり。

第八十五圖　金剛界大壇の天蓋の內面

菩提場所說一字頂輪王第一(不空譯)云く、大佛頂、白傘蓋佛頂、高佛頂、勝佛頂、光聚佛頂と。

攝大毗盧遮那念誦儀軌第二(善無畏譯)云く、次右五佛頂、白傘ト勝ト最勝ト火光聚ト捨除ト大我之釋種ナリと。

且く、醍醐流の樣を示すのみ。中央の[梵字]字、金輪佛頂の種子にして、餘の周圍の四字は、[梵字]は白傘、[梵字]は火聚、[梵字]は發生、[梵字]は勝佛頂の種子なり。金剛界の五解脫輪に應じて、件の五尊を以て蓋と爲すなり。是れ亦、三昧耶形を圖するも可なり。

第八十六圖　正覺壇敷曼荼羅

大日經第二具緣眞言品第二云ク、師作第二壇對中曼荼羅ニ、圖畫於外界、相距二肘量ナリ、四方正均等、內向開一門ヲ、安四執金剛、居其四維外、謂ク住無戲論ト、及虛空無垢ト、無垢眼金剛ト、被雜色衣等ナリ、內心大蓮華八葉、及鬚蘂アリ、於テ四方ノ葉中ニ、四伴侶ノ菩薩アリ、由彼大有情ノ往昔願力ニ故ニ、云何名爲四ト、謂ク總持自在ト、念持ト、利益心ト、悲者菩薩等トナリ、所餘ノ諸四葉、作四奉教者、雜色衣ト、滿願ト、無礙ト、及解脫トナリ、中央示ス法界不可思議色ヲと。

金剛頂瑜伽略出念誦經第四云ク、其灌頂壇、應在大壇帝釋天方門外、下至二肘、畫粉任作セ、四方正等、面開一門、於四隅內、畫執跋折囉、自在天方、名住無戲論、火天方角、名虛空無垢、羅剎方、名淸淨眼ト、風天ノ方、名持種種綺麗衣ト、中央、畫大蓮華ヲ、其華八葉、臺蘂具足セリ、華外ノ周圍、畫月輪相、光芒外ニ出タリ、正方ノ四葉、畫四菩薩ヲ、各乘昔願殊勝力ニ者ナリ、帝釋方ノ葉ヲ、名ク陀羅尼自在王ト、琰羅ノ方ヲ、名發正念ト、龍方ヲ、名利益衆生ト、夜叉ノ方ヲ、名大悲者ト、四隅ノ葉上、畫四使者ヲ、自在天ノ方ヲ、名修轉勝行ト、火天ノ方ヲ、名能滿願者、羅剎方、名無染著ト、風天ノ方ヲ、名勝解脫ト、於華臺中ニ、想有婀字と。

大日經疏第八に、委く釋す、披見すべし。壇の四方正等なるは、𑖀字本不生の金剛の心地なり。住無戲論は、三世無障礙智戒なり。虚空無垢は、一切種智の斷惑なり。無垢眼は、一切種智の證理なり。被雜色衣は、化他大悲の事業なり。四執金剛の功德、行者の心地に具足して、缺けたることなきを表す。八葉は、行者の心蓮開敷なり。四伴侶の菩薩は、自身即大日心王の眷屬たる心所法にして、阿閦等の四佛なり。四奉教は、四伴侶の所現なり。雜色衣は、惣持自在の所現、滿願は、念持の所現、無礙は、利益心の所現、解脱は、悲者菩薩の所現なり。各々、大日心王の教命を奉じて、或は折伏、或は攝受、以て如來の事を行す、故に奉教者と云ふ。又、曼荼羅海會の諸尊、正覺壇の十二尊と化現し來つて、受者に灌頂を與ふる者なり。靈雲寺安流は、此の敷曼荼羅を用ふ。

第八十七圖　正覺壇蓮花座

一字寄特佛頂經上(不空譯)云く、則阿闍梨、對㆓曼荼羅前㆒ニ、四方塗㆓作曼荼羅㆒、以㆓白粉㆒ヲ、三肘畫㆓蓮華㆒ヲ、於㆑上安㆓師子座㆒ヲ、受㆓灌頂㆒者、坐已持㆓蓋及拂㆒、誦㆓吉慶聲㆒讃揚スと。

此れは、正覺壇曼荼羅の略圖なれども、深祕なり。　東密台密諸流に通用す。

佛説陀羅尼集經第三云く、於テ二壇西外一ニ、預作二水壇一、縱廣二肘、其壇中心ニ、作二蓮花座一、散レ花供養、乃至令下受法人於二花座ノ上一ニ、面向レ東坐上セシムと。

第八十八圖　寶冠

大樂金剛不空眞實三昧耶經般若波羅蜜多理趣品(不空譯)云く、已得二一切如來灌頂寶冠一ヲ、爲二三界主一トと。

大樂金剛薩埵修行成就儀軌(不空譯)云く、於二頭上冠中一ニ、五佛各各依二本形色一ニ、住二大印威儀一ニ、竝跏趺而坐スと。

理趣釋經(不空譯)云く、金剛薩埵菩薩、背ニシテ二月輪一ヲ、戴二ク五佛冠一ヲと。

大日經疏第八云く、首ニ冠アリ、白繒アリと。

灌頂は、一迷未斷の底下凡夫なりと雖、一切衆生、色心實相、從本以來、常是毗盧遮那平等智身の故に、三密の加持に依つて、如説に修行すれば、三力加持空しからざるが故に、當來には、必定して成佛すべし。　其成佛の様を、作法を以て示す者なり。

故に、智處城の正覺に擬して、五智の寶冠等の、種々の莊嚴具を授け、弟子の身心を莊嚴す。五智の寶冠は、成佛の時は、自心本有の五智を顯得する義を表す。五智の寶冠とは、諸の寶物を以て莊りたる冠中に、五佛の像を安置しあるを以て、名づけたるなり。之れに就いて、金胎に通じて、寶冠中の五佛は、唯金剛界の五佛に限ると云ふ傳と、或は胎灌の寶冠には、胎の五佛、金灌の寶冠には、金の五佛なるを以て、胎金兩種の寶冠ありと云ふ傳とあり。又、其寶冠の形と、五佛の尊形布列等に就いて、野澤諸流、東密台密等の不同ありと雖、今は且く醍醐の所傳を示す。委曲なることは、其門に入りて傳ふべし。

第八十九圖　赤白等傘蓋

大日經第二具緣眞言品第二之餘云く、彼於二灌頂時一ニ、乃至上蔭二幢旛蓋一ヲ、と。

同經疏第八云く、又、備二新淨白傘一、上懸二花鬘及與白繒一、乃至阿闍梨、自執用覆二其上一ニと。

瞿醯壇哆羅經下云く、又、辨二新淨白傘一、於レ上ニ懸二花鬘一、復懸二白色彩帛一ヲと。

一字佛頂輪王經第五(唐菩提流支譯)云く、又、使二二人一一執二紫傘蓋一ヲ蓋二阿闍梨頭上一ヲ、一執二

白傘蓋二當ニ水壇上一ニ、蓋ニ灌頂人頭上一ヲ、と。

佛說陀羅尼集經第四云く、次遣ニ二弟子一、各擎ニ一蓋一、一紫二緋、緋蓋蓋ニ諸弟子一、紫蓋蓋ニ阿闍梨一ヲと。

紫蓋を以て阿闍梨を覆ふは、弟子の孝養心を以て、阿闍梨を恭敬する義。又、阿闍梨、白傘を以て弟子を覆ふは、毘盧遮那佛の大悲、弟子を加持し、覆護する義なり。白色は、本地大日の色法なり。又、紫色は、世間の尊重する所にして、其色濃厚なり。卽ち、弟子の恭敬尊重の最も篤きを表す。又、紫は、間色なり。卽ち弟子因位の菩提心を表す。台密の灌頂には、弟子紫蓋を持して、大阿闍梨を覆ふ義を行ずれども、東密には行せず。又、赤白等の傘蓋の四隅の手に、瓔珞を著くるあり。或は幢を著くるあり。若し幢を用ふれば、三摩耶戒壇の幢に准じて、小く作るべし。但し、幢の地體の四箇の角には、禮堂幢の如く、三瓣寶珠を畫くを法とす。

第九十圖　白赤等傘蓋用龍頭

前の玉旛用と、大なる異なし。

第九十一圖　祕密道具箱

瞿醯壇哆羅經下云く、箱中置レ衣、幷盛二商佉ト及筯トノ(金篦)諸ノ吉祥物一ヲ、令レ執二其箱一ヲと。

大日經疏第八云く、又於二箱中一ニ、置二衣幷諸吉祥之物一、卽是金篦、明鏡、輪寶、商佉之類と。

種々の祕密道具を入れ置きて、灌頂中は、大阿闍梨の左右を放たざる箱なり。又緘開共に阿闍梨自ら爲して、他に委せざるものなり。其箱の様、流々の不同なきにあらざれども、今は其一途を示すのみ。

第九十二圖　塗香器

瞿醯壇哆羅經下云く、及以二塗香一、塗二彼身上一ニと。

此塗香器は、祕密箱に入れ置きて、正覺壇に於て、受者の胸臆に塗る等の用あり。

第九十三圖　珠鬘と臂釧と腕釧

般若理趣經云く、珠鬘瓔珞と。

妙法蓮華經王觀智儀軌云く、珠鬘瓔珞、雲海供養と。

金銀瑠璃等の珠を以て、鬘と爲して、佛に供養し、佛前を莊嚴するもあれども、今は灌頂の弟子の頸にかけしめて、莊嚴するものを示す。　靈雲寺安流、之れを用ふ。

佛說陀羅尼集經第六云く、左右臂腕、各有寶釧と。

瞿醯壇哆羅經下云く、復與臂釧、令著其腕と。

臂釧は、左右あるべし。　腕釧も亦、左右あるべし。　今は、其一を示す。　台密には、臂釧腕釧、併て之れを用ひ、東密には、惣して腕釧を用ひず。　臂腕も、流に依つて用否あり。

第九十四圖　華鬘

守護國界主陀羅尼經第九云く、以種々寶、用作華鬘、而爲莊嚴と。

瞿醯壇哆羅經下云く、亦以華鬘、交絡兩肩と。

大日經疏第八云く、以香塗身、飾以華鬘と。

此れ亦、珠鬘に同じく、灌頂の弟子の身にかけて、莊嚴する具なり。　其樣一准ならざれども、今は且く、一途を示すのみ。東密は、灌頂に之れを用ひず、台密は之れを用ふ。又、儀軌に、蓮華鬘と、輪鬘と、等を説けり。

第九十五圖　絡膊金剛線

大日經疏第八云く、絡膊繫[二]金剛線[一]ヲと。

印度の四姓の中の首陀を除きて、刹帝利姓等の人は、生れて七歳にして入門式を行ふ。此の時に、祭纓を、左の肩より右の脇へ掛くるを以て、常法とす。祭纓の原質は、刹帝利族は麻苧、婆羅門族は木綿、毘舍族は毛糸を用ひるなり、灌頂入壇の時、之れに擬して、絡膊の作法を爲すなり。台密に於て、麻を用ふるは、據ありと云ふべし。但し、東密には、之れを用ひず。

第九十六圖　修多羅

五色線を結びて、加持して、灌頂の弟子の身にかけ、障難を消除し、又、莊嚴するものなり。台密は、之れを用ひて作法を爲せり。東密にはなし。

第九十七圖　白拂

瞿醯壇哆羅經下云く、復令餘人、執淨犛牛拂及扇香爐と。

拂子は、弟子の頂及一身を拂つて、一切の障難を除く、其圖樣に種々あれども、今は一途を示すのみ。

第九十八圖　團扇

團扇は、弟子の四邊を扇ぎて、煩惱の熱惱を除くなり。流に由りて、檜扇を用ひるあれども、團扇を本義とす。

第九十九圖　金篦　二種

大日經第二具緣眞言品第二之餘云く、次、應在於彼前住慰喩令歡喜、說如是伽陀と。

金剛頂瑜伽略出、念誦經第四云く、師應執金剛杵子、如治眼法、拭其兩目、而告之言、善男子、世間醫王、能治眼翳、諸佛如來、今日爲汝、開無明翳、亦復如是、爲令汝等、生智慧眼、見法ノ實相ヲと。

大日經疏第九云く、西方治眼法、以金爲箸、兩頭圓滑ニシテ、中細ク、猶如杵形、可長四五寸許ナルと。

金篦を以て、弟子の兩眼を加持する意は、一切衆生の心目に、本より佛知見の性を具せりと雖、無明卽ち微細妄執の膜翳を以ての故に、自心の實相を智見すること能はず、是の故に、毗盧遮那如來の大悲方便、善く金篦を以て、之れを治し給ふ義を表す。　一の金剛杵の兩邊に、玉を附けあるは、一杵を以て、左右の眼を加持するもの、唯、片邊にのみ玉を附けあるは、左右の眼を加持するに、別杵を用ひるものなり。

醍醐流は、多く別杵を用ふ。

第一百圖　明鏡

大日經第二具緣眞言品第二之餘云く、持眞言行者、復當執明鏡、爲顯無相法、說是妙伽陀と。

金剛頂瑜伽略出念誦經第四云く、次復、執鏡令其觀照、爲說ク諸法ノ性相ヲと。

一切法は、相卽無相にして、鏡中の影像の如くなる義を示す。　大日經疏云く、以此如鏡之心、鑒如心之鏡、故、說心自見、心、心自知、心、智之與鏡無二無別と。 前に、無智無明の眼膜を決除するは、諸法の實相を觀せしめんが爲なり。 明鏡の圖樣に、諸流の不同あり、今は且く、其一途を示すのみ。

第一百一圖　法輪

大日經第二具緣眞言品第二之餘云く、次當授法輪、置於二足ノ間と。 輪を授くるは、佛足の千輻輪相を表す。 故に、作法の時、兩足の間に挿ましむ。

第一百二圖　法螺

大日經第二云く、慧手傳法螺ヲ、復說如是偈と。 金剛頂瑜伽略出念誦經第四云く、師應授以商佉、作是告言と。 法螺を授くるは、轉法輪の義を表す。 大日經疏云く、轉此法輪、時以一音聲、普遍十方世界、警悟スル衆生、故曰吹大法螺ト也と。

第二十　護摩

第一百三圖　護摩壇

金剛頂瑜伽中略出念誦經第四云く、應三與作二護摩法一、於二灌頂壇火天方一、不レ應二絶遠一、作二四肘壇一、高一磔手と。

一字佛頂輪王經第六云く、扇底迦火壇、方量四肘、或復三肘、如法泥拭と。　又、云く、補瑟置迦法ト者、准二前扇底迦法一ニ、作レ壇書レ印と。　又云く、檳毘柘嚕迦法者、乃至作レ飾ス二三肘三角火壇一ヲと。

壇の四方正等なるは、阿字菩提心の大地を表することは、大壇に准じて知るべし。又、必ず一門を建つるを以て法とす。　壇上の莊嚴、五器八器の布列等、諸流の不同あれども、今は且く、醍醐の様を示すのみ。

第一百四圖　大杓小

金剛頂瑜伽護摩軌(不空譯)云く、我今、次應レ說ニ注杓瀉杓一ヲ、乃至注杓一肘量、(柄の長さを云ふ)佉木令ニ堅密一、無ニ孔穴一、應レ作、口應ニ妙端嚴一、橫當ニ四指量一、深量用ニ一指一、形如ニ吉祥子一、於レ中、三股杵、應レ令ニ極端嚴一、柄圓足ニ人把一ニ、近ニ口與ニ柄末一、應レ作ニ蓮花文一、寫杓ノ長ト及ヒ圓ト並及ニ刻鏤ノ文、皆如ニ注杓ノ相一ク、口用ニ禪ノ上節一ヲ、旋帀爲ニ其量、橫應ニ一寸餘一、深量當レ半レ之、於レ中作ニ蓮花一、亦或金剛杵と。

注杓は大杓にして、瀉杓は小杓なり。注は「ながしそゝぐ」と訓し、瀉は「うつしそゝぐ」と訓す。卽ち爐中に種々の供物を酌みてそゝぎ入るを以てなり。吉祥子とは、石榴果を云ふ。又、小杓の底の金剛杵は、五鈷杵なり。此軌の說に依れば、大杓の形は、石榴果の如く、小杓は圓形なり。又、兩杓共に佉陀羅木を用ひるを本儀とすれども、又、金屬を以て作ることを得。

大日經疏第二十云く、杓有ニ二種一、初、大方杓、名ニ滿施一、當ニ滿盛投ニ火中一、次、小杓、卽相續取テ內《イレテ》ニ火中一、然ルニ亦須ニ滿盛一と。

此釋に依れば、大杓は四角なり、靈雲寺安流は、之を用ふ。

弘法大師護摩鈔云く、小杓底有ニ輪形一、是レ大日三昧耶形也、大杓底有ニ三股金剛一、是レ金剛薩埵三昧耶也、今酌ニ小杓一ニ入ニ大杓一ニ表下ス蒙ニ大日教示一、金剛薩埵修中習眞言行法上ヲ也と。小杓の底の三形に就いて、瑜伽護摩軌の八葉蓮花は、胎藏大日の三形なり。胎は理界の故に、又、金剛杵は、金剛界大日の三形なり。金は智界の故に、理智は元來不二なる故に、何れを用ひるも問なきなり。　又、大杓の底の三股杵は、心佛衆生三平等の、淨菩提心を表す。　即ち金剛薩埵の三昧耶形なり。　又、小杓の圓形なるは、輪圓具足の義、即ち大日普門の果體を標幟す。　大師の護摩鈔に、輪を刻するは此意なり。大杓の石榴果形なるは、此果は、内に多實を藏するを以て、金剛薩埵淨菩提心中に、無盡莊嚴、恆砂の萬徳を藏する義を表す。　又、大日經疏の大杓の方形なるは、𑖀字菩提心大地を表す。　兩杓共に、分段變易、二種生死の煩惱業苦の、三道を酌み取つて、五智圓滿の菩提の、智火に投ずるの義なり。　深旨更に問へ。

第一百五圖　五器と八器との一個と杓体

灑淨と、漱口と、蘇油と、飲食と、五穀とを盛るを五器と云ふ。　其形大なり。　芥子と。丸香と、散香と、塗香と、藥種と、花と、行者用塗香と、加持物とを盛る器を八器と云ふ五器より形小なり。大小杓を休め置く器を杓休と云ふ。灑淨と漱口との二器は、瑜伽軌等に、明かに之れを説くと雖、餘器は、之れを説かず。然るに、一字佛頂輪王經には、供物等を、銀盤に盛ると説き、瞿醯經等には、其器金作、或、銀、熟銅、木、石、瓦、如法而作と説けるに准據して、後、阿闍梨の意匠を以て、造りしものならん。

第二十一　護摩爐

第一百六圖　息災爐

金剛頂瑜伽中略出念誦經第四云く、鑿君茶、徑圓一肘、深十二指、好淨泥拭、兩重作縁、内縁高闊、各一拇指、外縁高闊、各有四指、底須平正、即於其底、泥作輪像、或跋折囉像、柄向南出、如世丁字、柄長四指、闊亦四指、横頭長八指、高闊各四指、次外作土臺、形如蓮華と。一字佛頂輪王經第六云く、處壇中心、圓掘鑪坑、深十六指、(半肘即八寸)闊三十二指、(一肘即一尺六寸)正於坑底、又作土臺、高四指量、又可臺面泥捏十二輻輞、角輪、高一指量と。

金剛頂瑜加護摩軌云く、息災爐、正圓應當如是作スと。　又云く、息災爐、應量、横全、竪半肘と。　又云く、其爐緣、高兩指、闊四指、緣内爐口本地闊兩指、於中契印高兩指、其爐ノ近身開竪項、闊四指、長兩指、次ノ横長十指、竪闊四指、次作蓮華葉形、令大小相稱、從竪項、至葉末、都十二指、高下並與緣齊《クセヨ》、五爐並同と。

圓形は𑖪字、水輪を表す。　水は能く諸の汚穢不淨を洗淨す。　又、本性清淨にして、白色なるは、卽息災法と相應するを以てなり。　爐底の契印、卽八輻輪は、第九阿摩羅識を表し、第一重緣の三箇三鈷首は、身口意の三業を表し、蓮華四葉は、胎卵濕化の四生を表し、竪項は、根本無明を表す。　斯の如き、生死流轉の煩惱業苦の三道、毘盧遮那法界智の加持に由つて、汚穢不淨の相を轉じて、本有性德の寂靜安穩を顯現する義なり。　不轉而轉にして、本有の性德を顯現する相は、爐底の八輻輪は、諸の煩惱業苦の三道を摧破す、卽遮那法界智なり。　第一重緣四隅の蓮の一葉は、胎卵濕化の四生、本來淨の義を示して、蓮華を以てこれを表す、卽ち常樂我淨の四德を表するなり。　又、三方に在る三鈷首は、本尊と行者と爐との、身口意の三密、同一緣相にして、三三平等の義を表す。　諸災難は、不平等の妄見より起るを以てなり。

爐は、卽ち本尊と、行者との、身體を表する故に、竪項の蓮の一葉、亦本性淨を表す。一切法、本來自性淸淨なる故に、緣に隨つて起る災厄の消滅すること、恰も風止めは、水平湛にして、波浪無きが如し。又、息災は、大日如來の三摩地なり。惣して云へば、輪は摧破の義、三鈷は三平等の義、蓮華は自性淸淨を表す。又、一字頂輪王經に依れば、爐底の輪は、十二輻輪なり。卽ち生死流轉の十二因緣を摧破して、涅槃寂靜の十二因緣となす義を示す。瑜伽護摩軌に、契印と云ふは、爐底に、泥を以て捏り造る三昧耶形を云ひ、竪項と云ふは、略出經の爐柄と同なり。略出經と、瑜伽護摩軌とは、爐柄を說き、一字頂輪王經等、多くの經軌は、之れを說かず。東密は、柄ある爐を用ひ、台密は、柄なきを用ひるを例とす。

第一百七圖　增益　爐二圖

一字佛頂輪王經第六云く、補瑟置迦法者、准二前扇底迦法一、作二壇畫一印、惟改二鑪坑一、方量二肘、深亦二肘、坑中ノ土臺、圓ノ闊一肘量、高四指、可二臺面上、泥捏二八葉蓮華一、是臺葉々、皆令二分明一と。瑜伽護摩軌云く、增益應二正方一ナルと。又云く、增益三股杵と。又云く增益兩肘量、竪量應用半と。

四角は、𑖀字地輪を表す。　大地の、能く内に金銀等の寶物を藏し、外には米粟草木等を出生し、其色黄にして金色なるは、卽ち增益法相應の故なり。　爐底の三鈷は、第七末那識を表し、第一重緣の四箇の蓮花は、胎卵濕化の四生を表し、三箇の三辨寶珠は、身口意、の三業を表す。　斯の如く、煩惱業苦の三道を、寶生如來の平等性智の智火を以て、加持するに由つて、貧窮無福の相を轉して、本有三平等の德、福德圓滿の德を顯現する義なり。　卽ち寶生佛の、福德聚門の三摩地なり。　又、一字頂輪王經には、爐底に、泥を以て、八葉蓮花を捏す。

第一百八圖　調伏爐　二圖

一字頂輪王經第六云く、櫰毘柘嚕迦法者、乃至作飾三肘三角火壇、堀深一肘、一角東一角指西、一角指南、其壇上、脣令闊三指、脣高二指、坑底泥捏一尺三戟叉頭、量高三指、頭叉指南と。

瑜伽護摩軌云く、三角作降伏と。　又云く、降伏一股作と。　又云く、降伏軍荼相、三角各一肘、竪量應ㇾ半ㇾ之と。

三角形は、𑖨𑖽字火輪を表す。 火の熾燃にして、一切の物を燒き盡して、餘すことなきと、其色の眞赤にして、猛烈なるは、調伏法と相應す。 爐底の一股は、第八阿賴耶識を表し、第二重緣の三箇の一股は、身口意の三業、四個の蓮花は、四生を表す。 斯の如く、五趣四生の惣體たる第八識と、之れを感ずる惣報業は、阿閦如來の、大圓鏡智の智火の三昧に加持せられて、異熟業果の相を轉して、本有性德の、一法界の實體を顯現する義なり。 故に調伏は不動佛の三摩地なり。 又一字頂輪王經に依れは、爐底に泥を以て、三戟叉頭を揑すべし。

第一百九圖　敬愛爐　二圖

瑜伽護摩軌云く、長作㆓蓮花葉㆒、愛敬爲㆓相應㆒ト。 又云く、敬愛作㆓蓮花㆒と。 又云く、敬愛亦一肘、横竪如㆓鉤召㆒と。

瑜伽護摩軌所説の蓮花一葉形の爐に就いて、蓮花は、水陸の花の中に於て、其花優美に、其香馥郁として、其色の淡紅なるは、世人の愛する所なり。 世に愛蓮説あり、以て知るべし。是れ、敬愛法と相應する所以なり。爐底の蓮は、心蓮花を表し、第二重緣の三方の蓮花は、身口意の三業を表し、四箇の三鈷首は、前の如く四生を表す。凡夫の三業は麁亂なる故に、彼に背き此に違ひて、眞の敬愛を得る能はず。四生の果體は、三平等の眞理を覆ひて、隔歷不融の故に、眞の敬愛を得ること能はず。然れども、阿彌陀佛の、妙觀察智の、智火に加持せらるゝに依つて、隔歷不融不和の妄執を燒き盡して、本有性德の敬愛を顯現する義なり。敬愛は阿彌陀佛の蓮花三昧なり。又、建立護摩軌等に依れる、八葉蓮花形の爐の、第一重緣の八方の箭は、四方四隅を射取つて、敬愛せしむるの義を表す。即ち八識相應の欲箭なり。第二重緣の三箇の三鈷首は、身口意の三業、三三平等を表し、四箇の橫の三鈷上に、竪に一股を立てたるは、橫竪和合の義を表す。即ち橫に十方、竪に三世なり。餘は知るべし。

第一百十圖　鉤召爐

瑜伽護摩軌云く、金剛形軍荼鉤召、爲最勝と。又云く、鉤召、應作鉤と。又云く、鉤召、長一肘、横竪各減半と。

大日經疏第十五云く、攝召壇、半月◗、其中雜色と。

檜尾口訣云く、鉤召爐樣、作三股、其柄ノ中間、作爐口緣ヲと。

今の圖樣は、大日經疏と、檜尾口訣とに依るものなり。　爐底の三鈷鉤は、金剛鉤菩薩の三昧耶形なり。　半月は、風輪の形色、風は法界に遍至す。　即ち十方法界に遍して(半月形)、鉤召(三鈷鉤)する義を表す。　又風に摧破の力用あり、他の十方の衆生の自己に乖離するの情を摧破して、鉤を以て引き寄せて、自己に服從せしむ。　鉤召は、金剛鉤菩薩の三摩地なり。　又、淨嚴師は、一股中に爐を作れり。

第一百十一圖　延命爐

金剛壽命陀羅尼念誦法(不空譯)云く、次說護摩除災延命壇、乃至作三肘壇、乃至壇中心畫以白粉、作一肘半金剛甲冑、中穿一鑪、深半肘と。

瑜伽護摩軌云く、延命如シ增益、爐外畫甲冑、如人被甲形、而令雙袖垂、袖如三ノ獨股、下如覆熏籠、上作三峰形、如三ノ獨股杵と。

延命法は、増益中の一部なる故に、爐は増益に同じ。爐の外に甲冑を畫くことは、壽命金剛堅固の義を表す。袖と首との三の獨股杵は、心佛衆生、身口意三業、三三平等の義を表す。不平等の故に、不堅固なり。

菩提場所說一字頂輪王經第五云く、護摩爐、差別應秘密而作、息災等三種、一處不應作若一處護摩《スレバ》、護摩爐必謬ル、若於調伏爐、不應作息災、如器中有毒、盛乳必當壞、審カ觀三種ノ事、故說三種ノ爐と。

此經は而二差別門の說なり。

第一百十二圖　四種法合爐

尊勝佛頂修瑜伽法軌儀下（善無畏作）云く、西面ノ外、去壇三五肘、作護摩壇、一爐具四種爐形、及爐內四方、各書種子ノ字、其種子ノ字、𑖀阿字方形黃色東方、𑖮訶字靑色西方半月形、𑖪𑖽鑁字圓形北方白色、𑖨𑖽覽字赤色南方三角形、底各畫印契等、東方畫輪、北方蓮華、南方鬪日囉合二、西方鉤、依本方畫之、或當方別造、乃至唯初日除災、第二日增益、第三日攝召、第四第五降伏、第六七日極忿怒降伏等ノ事と。

此軌は、不二平等の説なり。但し、淺行人は、而二門に依つて修行すべし。不二は深行の阿闍梨の所作なり。自己の分限を知つて、依行すべきなり。

第二十二　數珠　一百八顆

第一百十三圖　經軌所說樣

佛説陀羅尼集經第二佛説作念珠法相品云く、其相貌者、有其四種、何者爲四、一者金、二者銀、三者赤銅、四者水精、其數皆滿一百八珠、或五十四、或四十二、或二十一、亦得中用《アツル》、乃至、其四種中、水精第一《ナリ》、其水精者、光明無比、淨無瑕穢、妙色廣大、猶若《シ》得佛菩提願、故洞達彼國、一如珠相、以是義故、稱之爲上、乃至若人、常行念佛法者、用木槵子、以爲數珠、若欲誦咒受持者、用前《ノ》四色《ノ》寶、爲數珠、若作菩薩咒法《ノ》業者、用菩提子、以爲數珠、若無《クハ》、可以蓮花子《ヲ》充、若作火頭金剛《ノ》業者、用肉色珠、以爲數珠、此等《ノ》數珠、皆合法相《ヲ》と。又云く、作是相《ノ》珠一百八顆、造成數珠已《テ》、又作一金珠、以爲母珠、又、更別作十顆銀珠、以充記子と。

蘇悉地羯羅經下云く、菩提子珠、佛部用、蓮華子珠、觀音部用、嚕捺囉叉子珠、金剛部用、三部各用此等數珠、取爲最上と、一切念誦、應當執持、或用木槵子多羅樹子、或用土珠、或用螺珠、或用水精、或用眞珠、或用牙珠、或用赤珠或摩尼珠、或用咽珠或餘草子、各隨於部、觀其色類、應取念持、若作阿毗遮嚕迦法、應用諸骨と。

金剛頂瑜伽念珠經(不空譯)云く、珠表菩薩之勝果、於中間絶爲斷漏、繩線貫串表觀音、母珠以表無量壽、愼莫驀過、越法罪、乃至皆由念珠積功德、乃至念珠分別有四種、上品、最勝、及中下、一千八十以爲上、一百八珠爲最勝、五十四珠以爲中、二十七珠爲下類、乃至設安頂髻、或掛耳、或安頸上、或安臂、所說言論成念誦、以此念誦淨三業、由安頂髻淨無間、由帶頸上淨四重、手持臂上除衆罪と。

木槵經(不空譯)云く、佛告王言、若欲滅煩惱障報障者、當貫木槵子一百八、以常自隨と。

此外、金輪時處軌等、諸經軌中、念珠を説く文尠からずと雖、今は且く、三五を擧ぐるのみ。　眞言又は、佛名等を、誦する遍數を記憶する珠なるを以て、念珠と云ひ、亦數珠(ズヾ)と云ふなり。　惣じて、數珠は、本來一母珠(俗名ヲヤダマ)にして、記子(俗名カズトリ)は十顆なり。　卽ち十波羅蜜を表す。　記子の先きにある二顆(俗名ツユと云ふ、露の滴るが如き形なるを以てなり。)は菩提涅槃の、二轉依の妙果を表す。卽ち十波羅蜜の因行に依つて、二轉依の妙果を得るの義なり。一百八顆の兩母珠の數珠は、五十四顆を二連合集したるものなり。此事は興敎大師の、金剛界沙汰に見えたり。弘法大師御請來の念珠の、兩母珠なるより推すに、印度又は支那に於て、既に合集したるは明かなり。又、一百八顆を以て、最勝と爲すは、一千八顆の如く、廣大なるにあらず、又、五十四顆の如く、簡略なるにあらず、能く其中を得て、使用上、携帶上、頗る便宜なるを以てなり。又、密敎の行法には、必ず、一百八顆の念珠を持するを以て、最勝と云ふ。一百八顆は、所斷の煩惱に就いて云へば、百八煩惱なり。若能斷の法に就いて云へば、一百八智、若人に就かば、金剛界の一百八尊を表す。所斷の煩惱は、觀音の大悲の爲に攝受せられ、能斷の人法は、觀音の大悲を以て精神とする義を表して、繩線表二觀音ヲ一と說く故に、線は赤色なるべし。母珠を以て彌陀と爲すは、觀音の大悲三昧の功德は、本地の彌陀に歸する義を表す。線を以て母珠に貫くは、卽ち其義なり。又數珠は、記憶を功とするを以て、妙觀察智の三昧なり。故に、彌陀を以て母と爲す。數珠は卽ち、彌陀の三昧耶形なり。

又、七遍目と、二十遍目を記する小珠は、本よりあるものにあらず。往古は、絲を結びて記とせり、中古、小珠を加入して記とせり。故に、本儀にあらざることを知るべし。餘は之れを略す。

第一百十四圖　弘法大師御請來樣

弘法大師御遺告云く、亦菩提實ノ數珠ハ是レ大唐皇帝給勅矣と。唐の德宗皇帝より賜ふ所の、菩提子の念珠にして、東寺觀智院所藏なり。母珠と補處とは、水精にして、金具は銀なり。

第一百十五圖　金剛智三藏所持樣

大師御請來、金剛智三藏畫像所持の樣なり。高祖大師の御像、本覺大師の御像、亦此念珠を持せり。

第一百十六圖　弘法大師御請來樣

東寺觀智院所藏なり。　高雄山の大師、此念珠を持し給ふ故に、世に高雄樣と云ふなり。

第一百十七圖　同　上

仁和寺大師堂の弘法大師、此念珠を持し給ふと傳ふ。

第一百十八圖　同　上

御遺告云く、但シ金剛子ハ、是レ大師阿闍梨耶ノ所レ給ナリと。

東寺所藏なり。　毎年御修法の時、長者之れを持して、玉體加持を行とす。　惠果阿闍梨の附囑し給ふ所なり。

第一百十九圖　同　上

東寺所藏、皆水精なり。　御修法の時、大阿闍梨之れを持せり。

第一百二十圖　同　上

念珠の惣體は、菩提子にして、露珠は銀なり。高雄山の所藏と傳ふ。

第一百二十一圖　同　上

皆水精にして、露珠の中に、舍利一粒づゝを入れたり。故に、露珠は、普通より大なり。金具は純金なり。

以上、弘法大師御請來の念珠の模像は、豐山長谷寺に藏せり。

第一百二十二圖　數珠ご數珠筒各二圖

南都正倉院の所藏、畏くも、聖武天皇御所持品にして、一母珠なり。

第一百二十三圖　數珠筒ご同寶盤

七俱胝佛母所說準提陀羅尼經（不空譯）云く、念誦畢已、蟠珠於掌中、頂戴發願、作是願言、以我念誦功德、一切衆生、所修眞言、行求上中下悉地、速得成就、安珠於篋中と。

一字佛頂輪王經第四云く、又放數珠金剛杵等、置銀盤上と。

佛說陀羅尼集經第二云く、還放數珠、及金剛杵、於寶器上、頂禮世尊と。

一字頂輪王一切時處念誦成佛儀軌云く、敬珠猶如佛、不應輕棄觸と。

行法の時、特に、正念誦用の數珠を、筒に入れ置くなり。　平常用の念珠を云ふにあらず。　又、平常用と雖、使用せざる時は、篋中に納め、或は盤上に安じて、觸せざる樣注意すべし。　圓形にして、八葉蓮花を刻したるは、栂尾の明慧上人の樣なり。　四角の箱は、普通樣なり。　蓮花臺は、卽ち寶盤、寶器なり。　台密は、多く寶器を用ふ。

第二十三　柄香爐

第一百二十四圖　太子形樣

佛說陀羅尼集經第四云く、次阿闍梨、把香爐、燒香、右繞壇外、一帀來到西門前、已禮拜謝云と。

同經第十三云く、次阿闍梨、手把香爐、引諸徒衆、行道三币、作禮而退と。
一字佛頂輪王經第四云く、手執香鑪、燒諸名香ヲと。
柄爐と云ひ、又、手爐とも云ふ。　本圖は、聖德太子御所持の樣なり。

第一百二十五圖　第一百二十六圖

何れも、南都正倉院の所藏にして、畏くも、　聖武天皇御所持品なり。　此他に、種々の形あれども、今は之れを略す。

第二十四　壇上莊嚴

第一百二十七圖　安立廣行門壇上莊嚴

廣行門の壇に就いて、其寶器布列莊嚴の樣、東密は野澤諸流の不同あり、台密は山門三井の不同、又、山門に於ては、谷川の不同、谷には十三流の不同ありて、委悉に示すこと能はざるを以て、今は且く、東密廣澤の樣に依つて、一途を示すのみ。

第一百二十八圖　該攝具德門壇上莊嚴

唯一面の六種供養と、瓶二本とを、机壇の上に置き、左右に燈臺を置きたるなり。壇上の道具具足せずと雖、一を擧げて三を攝する故に、又、左右の瓶に、一切の功德を含藏する故に、一毫の闕減なきなり。　不空三藏譯の、佛頂尊勝陀羅尼念誦儀軌云く、於二念誦者座前一ニ、安二置閼伽水兩椀一ヲ等と說く、即ち是れなり。　一即一切は、安立廣行門の意、一切即一は、該攝具德門の意なり。　四度の行者は、該攝門の壇を用ひるを常とす。

第一百二十九圖　該攝門極略莊嚴

左右の瓶水を以て、閼伽を攝し、瓶華を以て、華鬘を攝し、瓶華の馥郁たる香氣を以て、塗香を攝す。　圓融法界無障碍なり。　何の缺けたる事かあらん。　眞宗諸派は、此莊嚴を以て、供養するを通規と爲せり。

追加の一

第一百三十圖　寶輪

此圖様は、弘法大師御作の、如意輪観音所持の輪なり、旨に示す八輻輪、八角輪等は、摧破を以て本とする輪にして、此れは、運轉を以て本とする輪なり。 故に、更に之れを示す。

第一百三十一圖　鉢

佛說陀羅尼集經第十三云く、次清樂、乃至 箏ト葉ト銅ト鉢トと。

鉢譜―初段 一一一三三三、中段 三三三三三三三、後段 二二三二二三二二三返段 三三三 一一二、

鉢を鳴らすは、即ち樂を奏して、佛陀に供養し、讃歎し奉る義なり。鉢の譜に就いて、初段は佛部、中段は蓮華部、後段は金剛部にして、三部の樂を奏して、三部の諸尊に

供養する義を表す。　佛蓮金の三部に、各々三部を具して、無碍なる故に、各段に三部を開く。　初段の最初の一一一は、三部の惣體を表し、次の三三三は、次の如く三部の四智を表す。　佛部の四智は、四生の長眠を驚かして、四顚倒の迷を破し、蓮華部の四智は、生住異滅の四相轉變を破し、金剛部の四智は、貪瞋癡慢の四煩惱の執著を破す。　中段の初の三三三は、初の四は佛部の四智を表し、三三は、三有の長眠を驚かして、法報應の三身を證得せしむる義を表し、次の三三三は、蓮花部の四智、貪瞋癡の三毒を破し、三身を顯得せしむる義、後の三三三は、金剛部の四智、煩惱障法障業障の三障を破して、三身を顯得せしむる義を表し、後段の初の二二三は、佛部の四智、煩惱所知の二障を斷じて、理智二法身を顯得する義を表し、次の二二三は、蓮花部の四智、分段變易二種生死を斷じて、理智法身を顯得する義を表し、後の二二三は、金剛部の四智、人法二我を斷じて、理智法身を顯得する義を表す。　又、初段の最初に一一一の譜あるは、佛部は、三部の惣體なる義を顯はし、蓮花部は、理にして法體の故に、先四智を擧げて、後に三三の用を示し、金剛部は、智にして作用を表する故に、先二二の用を擧げて、後四智の體を示す。　返しの段は、蘇悉地の妙行と傳ふ。　妙成就は、不二を以て本とする故に、三部の四智、各〻獨一不二の梵字に歸する義を表す。

又、鐃は、鉢の附屬物なれば、鉢を擧ぐれば、必ず鐃を兼ねたり。　鐃鉢は、即ち、嬉鬘歌舞の四菩薩の三昧なり。　淨菩提心を以て、之れを奏する故に、嬉なり。　鉢の紐房は寶鬘を表し、其音聲は、歌なり。　兩手を旋轉して、之れを奏するは、舞なり。　又、此經は、密教の法要に、奏樂を爲す本據なり。

第一百三十二圖　顯教用幢

頭首の三角形は、佛智の惣體を表し、地體の三箇の四角は、大定智悲の三德を表し、左右の八手は、八正道支を表し、四足は、四神足を表し、又、八手の二枚なるは、自利利他の二義を表し、中央の一手の二枚なるは、佛智に具する、二利の德を表す。　又、惣して、菩提心の體を表すと。　是れ常途の解釋なり。　地體の四角の三箇なるは、顯教の幢と知るべし。

第一百三十三圖　華　籠　三圖

奈良朝より、平安朝時代迄は、竹籠製、或は、金網製、を用ひたり。　初の圖の如きは、後世の製なり。

追加の二

一、　金剛杵を洗ふ

大陀羅尼末法中一字心咒經（唐寶思惟譯）云く、若欲レ成ニ就金剛杵法一ヲ者、以ニ紫檀一ヲ、爲ニ金剛杵一枚、若無ニ紫檀一、鐵鋌亦得、以ニ五牛物一ヲ洗レ之、五牛物者、所レ謂乳酥酪糞尿ナリ、乃至　亦以ニ香湯一ヲ、洗ニ金剛杵一ヲと。

台密許可灌頂前に、大阿闍梨が、弟子に授くる五鈷杵を洗ふは、此經を本據とす。

二、　壇　敷

蘇悉地羯羅經上云く、欲レ獻レ食時、先淨ク塗レ地、香水遍灑、洗二諸葉一ヲ、復以二蓮葉鉢羅勢葉諸乳樹葉一ヲ、或新氈布等、敷二設シ其上一ニ、復下二諸餚饍一ヲと。

大日經疏第七云く、置レ食院內、遍布二蓮荷葉或芭蕉葉等一、令レ使二周遍一、無レ應レ用二新淨氈一ヲと。

壇敷は、供器を置く下にしくものなることを知るべし。 或は、白生絹を用ひ、或は、白木綿白布等を用ひるは、應に隨ふべし。 台密の灌頂には、胎には赤、金には白を用ふ。

三、散杖と茅草束

佛說陀羅尼集經第一云く、取二一楊枝一、以二右手一執、左手執二金剛杵及數珠一ヲ、面向レ東座、誦二佛頂心咒一、楊枝攪レ水一百八遍、從二東北角一、潑二其香水一と。

建立護摩軌云く、以二茅草一作二小束一ヲ、或三股印、灑二水於爐中一、淨レ火と。

台密灌頂の時に、茅草束を用ひるは、此軌に依る。

四、井花水

阿吒薄俱元帥大將上佛陀羅尼經修行儀軌上(善無畏內道場祕譯)云く、日未レ出時、取二一斗井華水一と。

同中云く、平旦禁レ人、取二井花水一、銅器盛、面向二東方一ニ、九過咽レ之と。

本草綱目第五云く、平旦第一汲ヲ爲二井花水一ト、其功極テ廣シと。

水の花は、後夜に敷く故に、井花水と云ふ。丑或は、寅の時なり。此水を汲みて、灑に用ひるなり。

五、五色蠟燭

佛說陀羅尼集經第十三云く、次取二十條五色燭一、安二銅檠上一ニ、行二列堂門繩圍之內一ニ。

一字佛頂輪王經第四云く、內院四面四角、各然二蠟燭一と。

此れ佛前に、朱蠟等を供する本據なり。蠟燭供は、天部に限るにあらざることを知るべし。

六、五色佛供

大寶樓閣善住祕密陀羅尼經上(不空譯)云く、供二養五色食飲竝諸華菓一ヲと。
此れ、灌頂等に、五色佛供を備ふる典據なり。

七、閼伽等踏むべからざる事

仁王般若軌云く、盛二閼伽香水一、毎時皆換ヘテ二其水一、灑二於淨處一、不レ得二踐踏一と。
閼伽水に限るにあらず、惣して、三寶に供養せし物は、虔誠の意を以て、恭しく之れを處置し、穢觸せざる樣注意すべきなり。

大正六年丁巳四月四日閣筆、願此功德、回施法界、頓越三妄、同入阿字、

七十又貳歲老叟權田雷斧和南

後序

雷斧大阿闍梨。著眞言密教法具便覽成。託圓以編次校訂及出版之事。先是。圓與同志。屈請阿闍梨於東叡山。以受兩部曼荼羅講傳。後又聽其講密於東京帝國大學。但根鈍機劣。不能心會神通。至是蒙其寄託。豈勝忸怩哉。阿闍梨。曾著兩部曼荼羅通解。編次校訂。常盤文學士專任之。其後著密教綱要。圓亦受其任。前緣有在。乃不辭而叙曰。古來。密教之宗。曰口訣。曰面授。一機一類。而衆人不與焉。及阿闍梨諸書出。人皆染指斯道。洵因阿闍梨悲智二德。無親疎遠近也。此書分爲乾坤二卷。據本經儀軌。而證義詳事。命善於畫者。圖寫其形狀。一覽之下。瞭然指諸掌。可謂教相事相。圓滿備足矣。豈獨圓之懽喜讚嘆而已乎哉。
大正六年初夏。於廣長舌莊。
末學　米峰　高島圓謹識

豊山大學名譽學長 權田雷斧著

密教法具便覧

東京
丙午出版社發行

大壇莊嚴圖

眞言密教法具便覽坩圖目次

第六七圖　唐製五鈷杵
第六八圖　禮堂用幢
第六九圖　三摩耶戒壇八角天蓋
第七〇圖の一　三摩耶戒檀四角天蓋
第七〇圖の二　同上
第七一圖　玉旛
第七二圖　玉旛用龍頭
第七三圖　片供の一箇
第七四圖　卍字香爐
第七五圖　三摩耶戒檀天蓋幢東方
第七六圖　同上東南方
第七七圖　同上南方
第七八圖　同上西南方
第七九圖　同上西方

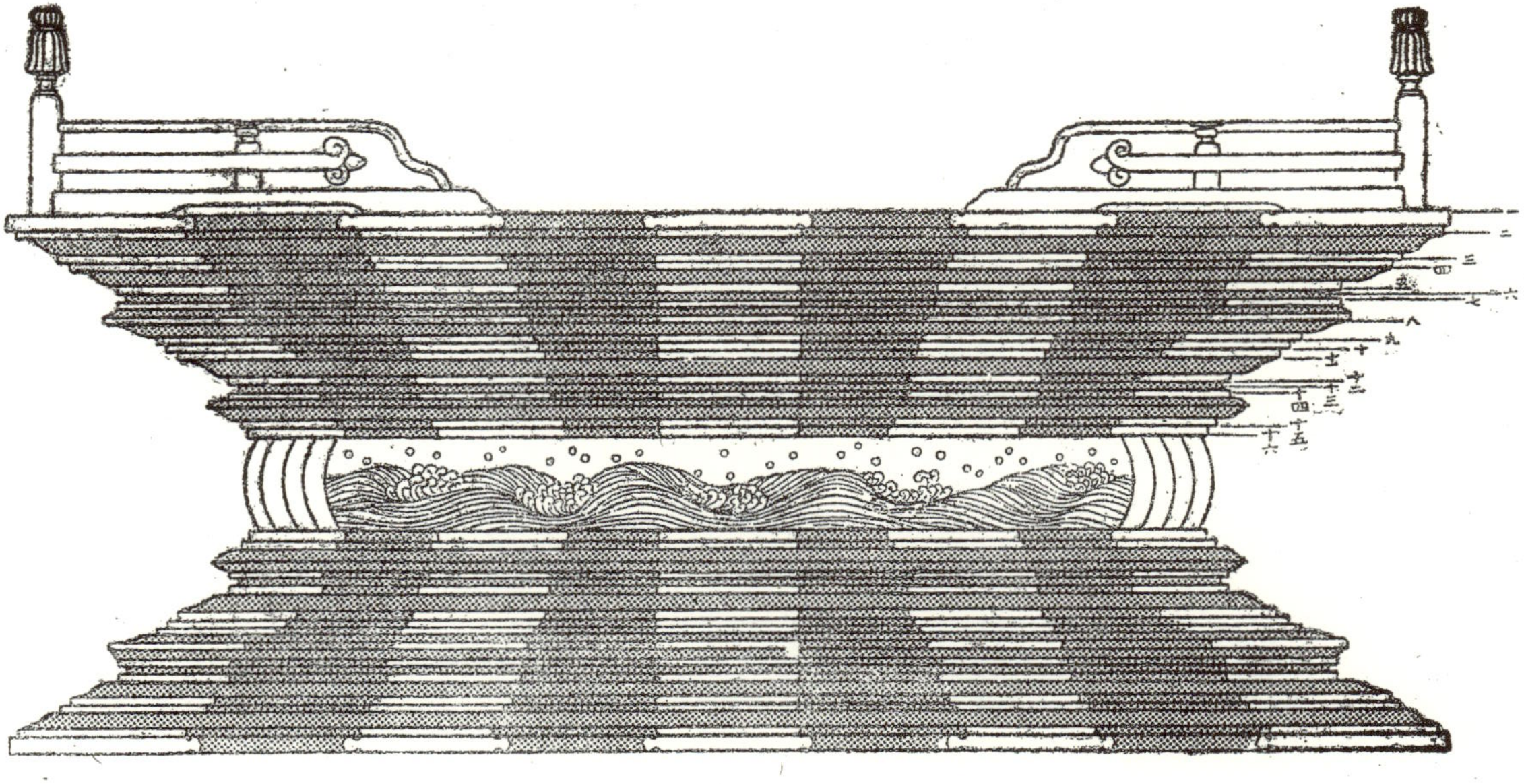

第一圖　四方須彌壇

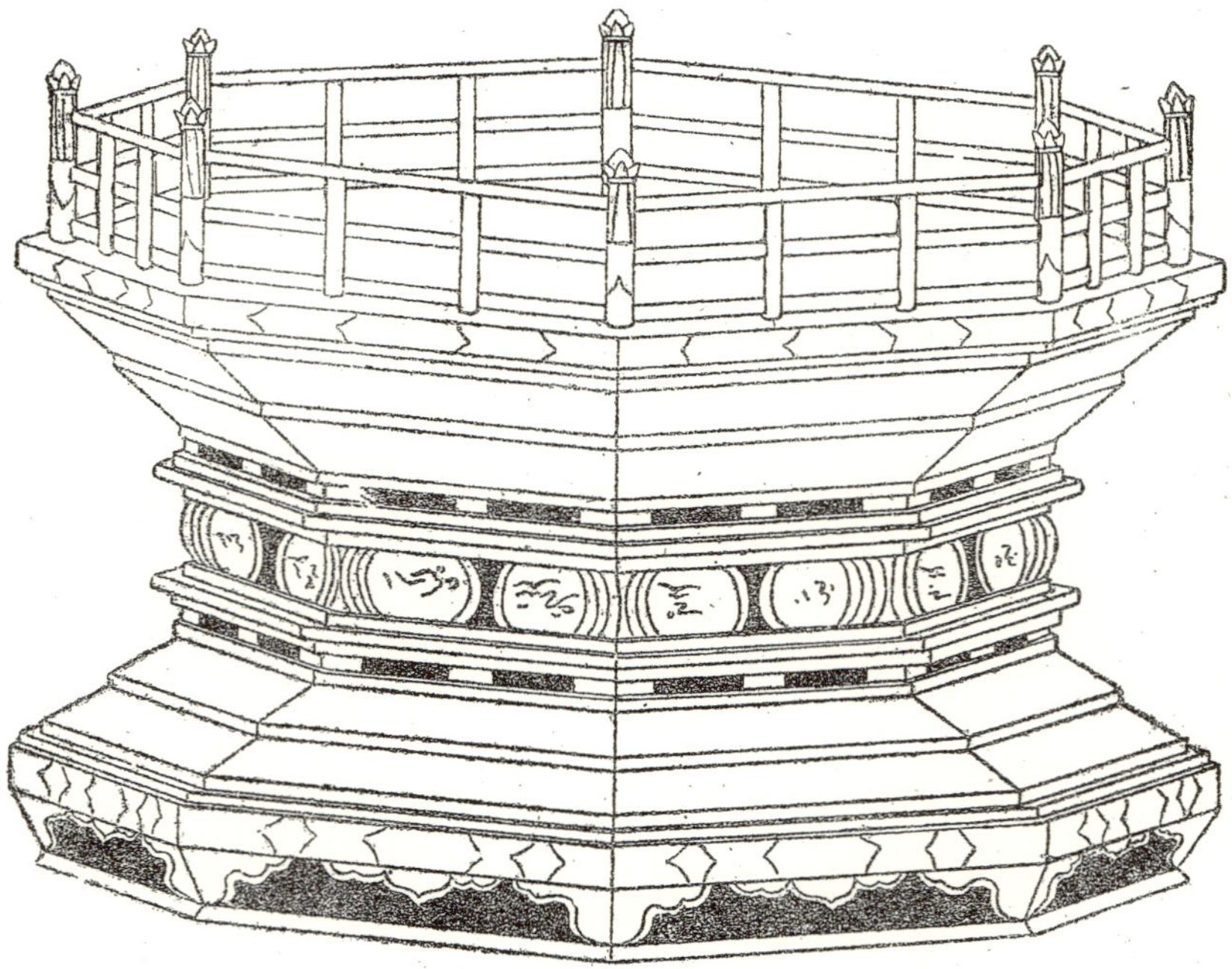

第二圖　八角須彌壇

第三圖　五峰八柱寶樓閣　（築地本願寺御宮殿）

第四圖　大壇

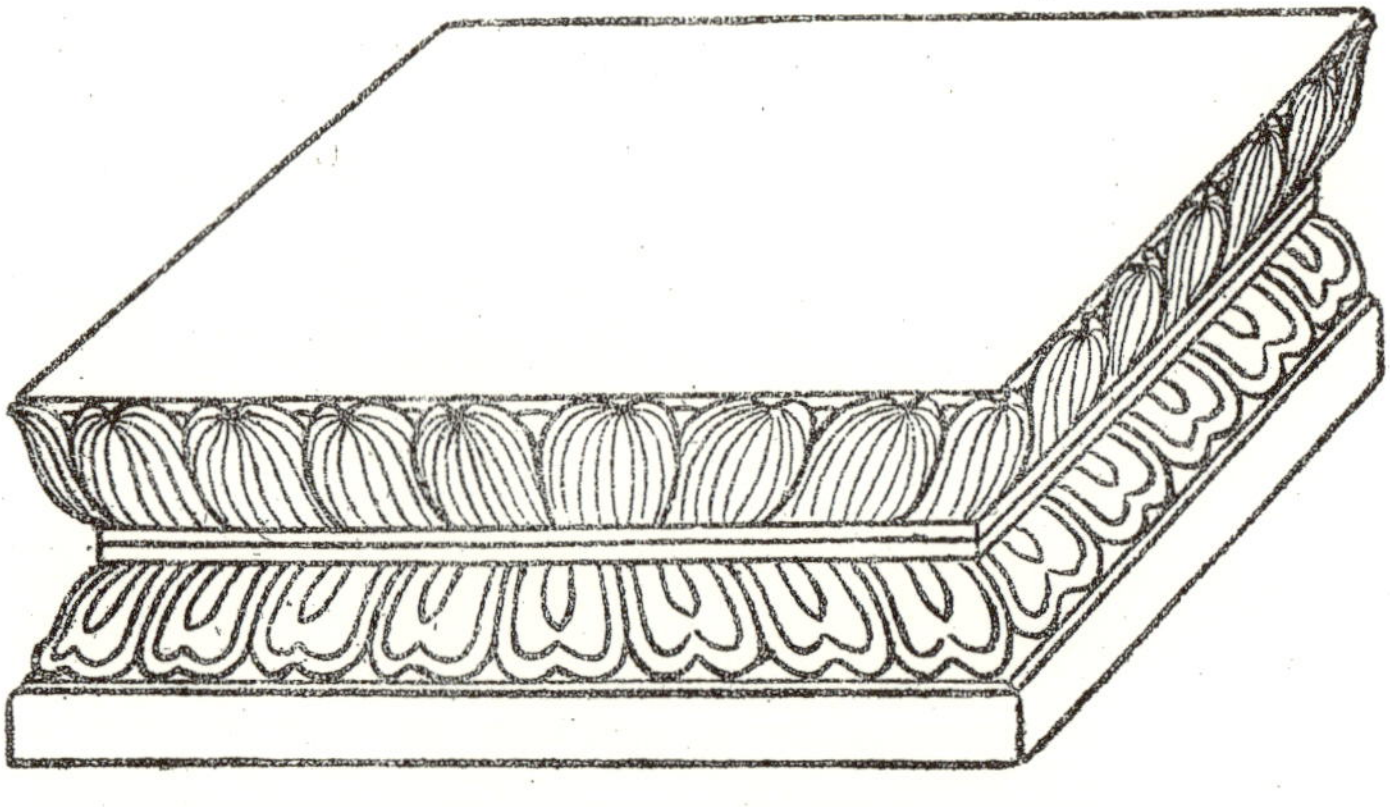

第五圖　大壇

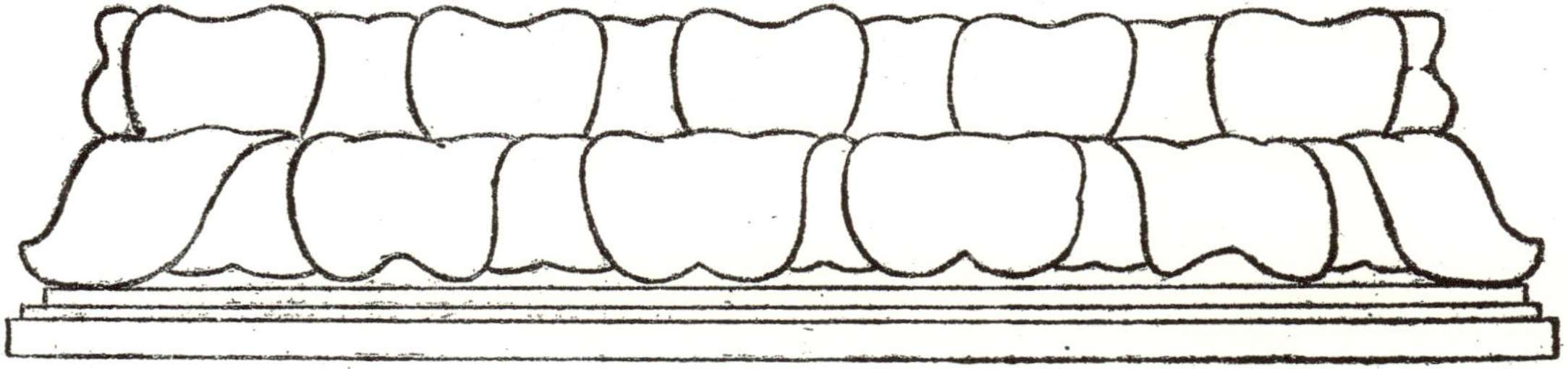

第六圖　大壇

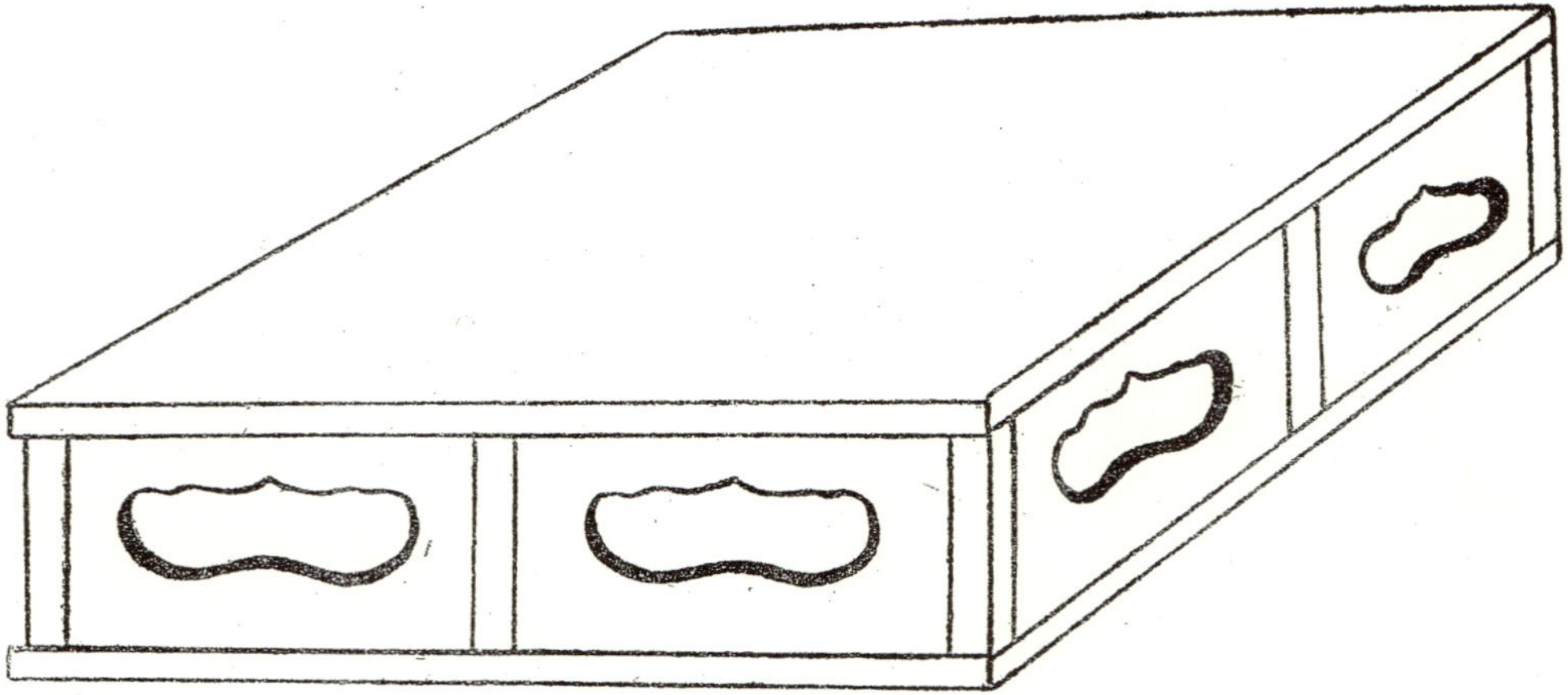

第七圖　大壇

第八圖ノ一　大壇

第八圖ノ二　禮盤

第八圖ノ三　脇机

第九圖　八獅子禮盤

第十圖　一獅子禮盤

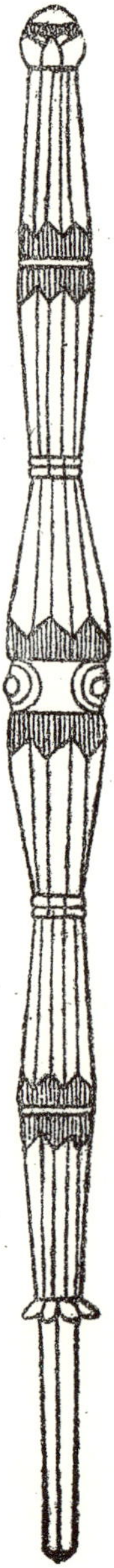

第十一圖　胎藏法橛

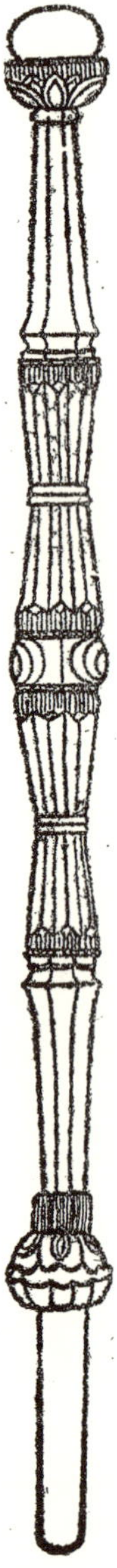

第十二圖　金剛界橛

第十三圖　圓柱形門標

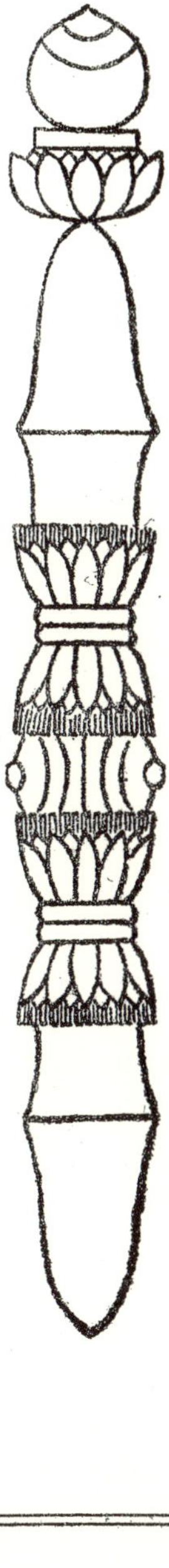

第十四圖　獨鈷形門標

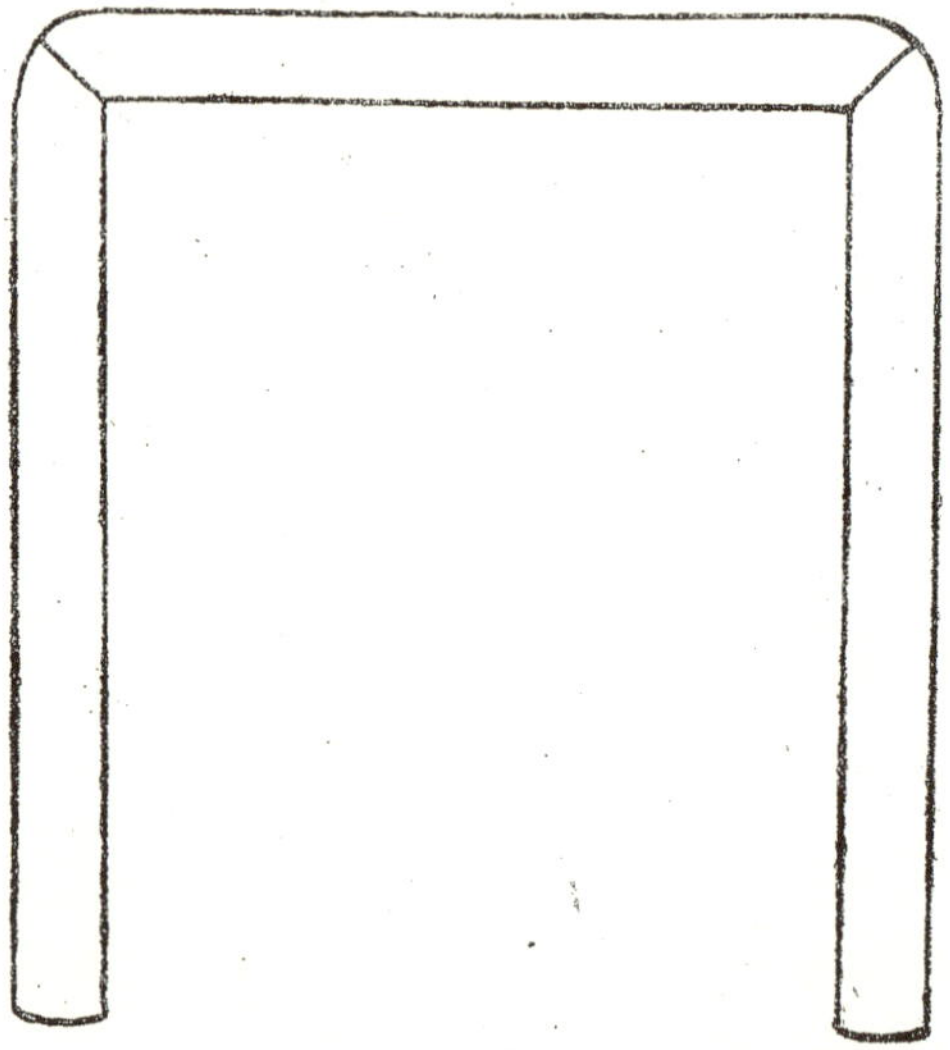

第十五圖　台窑用門標

第十六圖　八角形寶輪

第十七圖　八輻形寶輪

第十八圖　輪臺

第十九圖　三鈷十字羯磨

第二十圖　羯磨臺

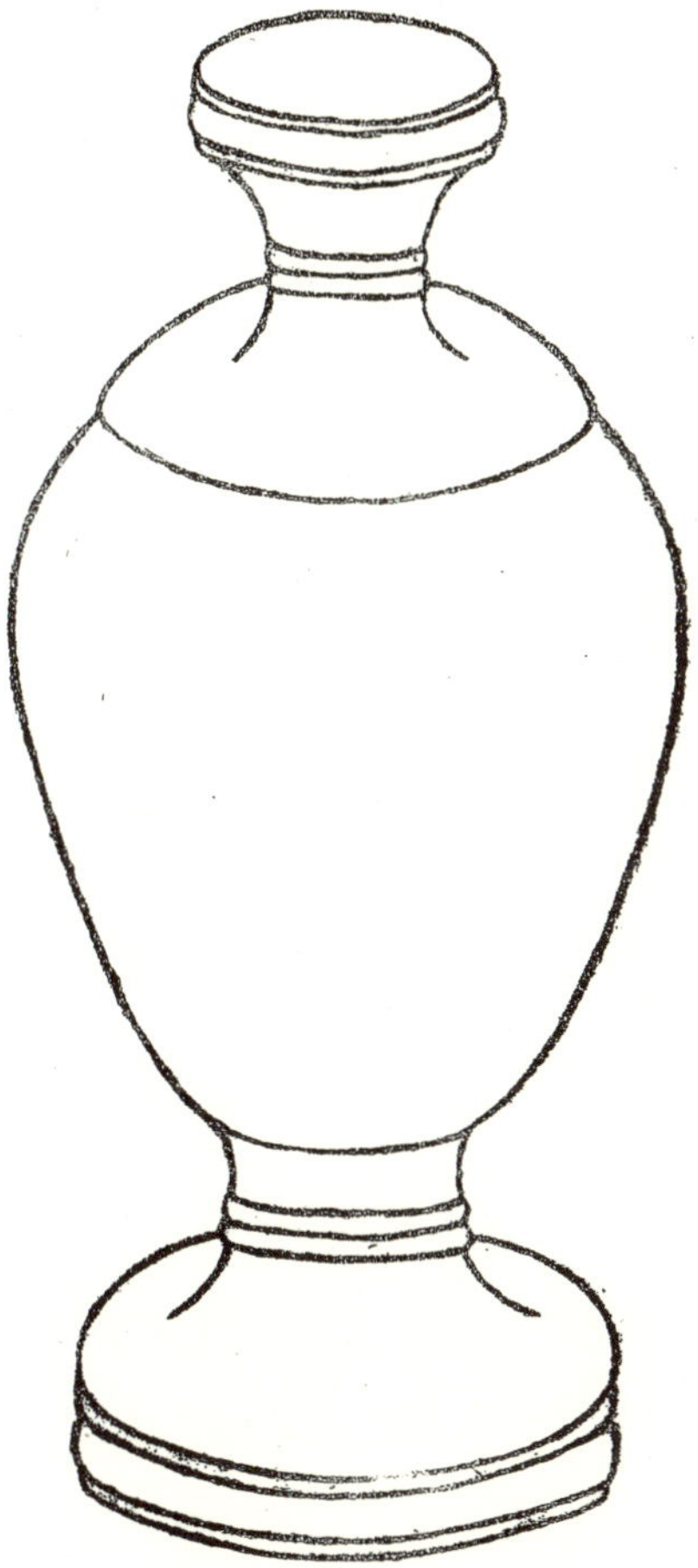

第廿一圖　普通樣五瓶ノ一

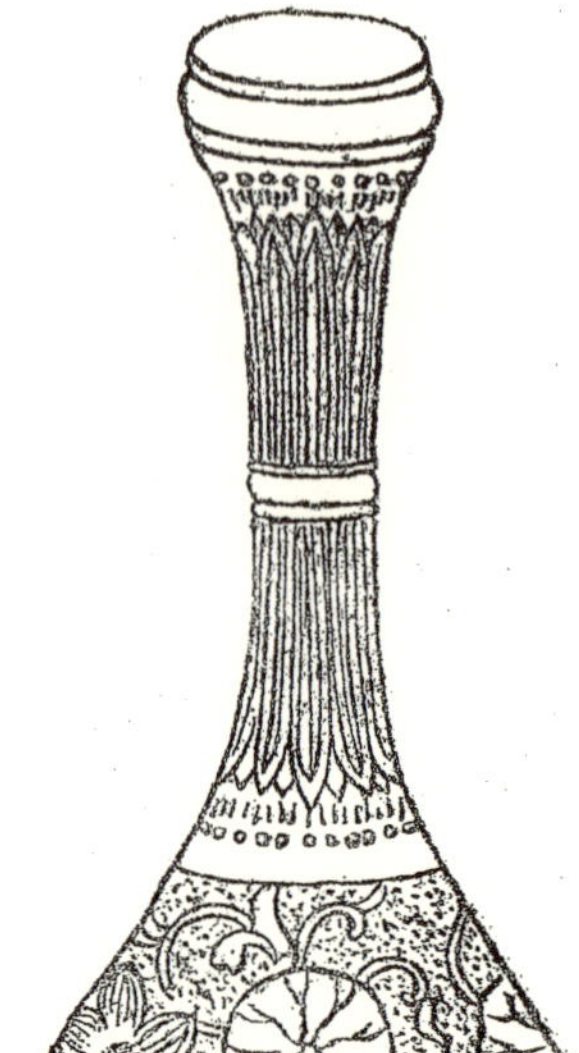

第廿二圖　慈覺大師請來樣五瓶ノ一

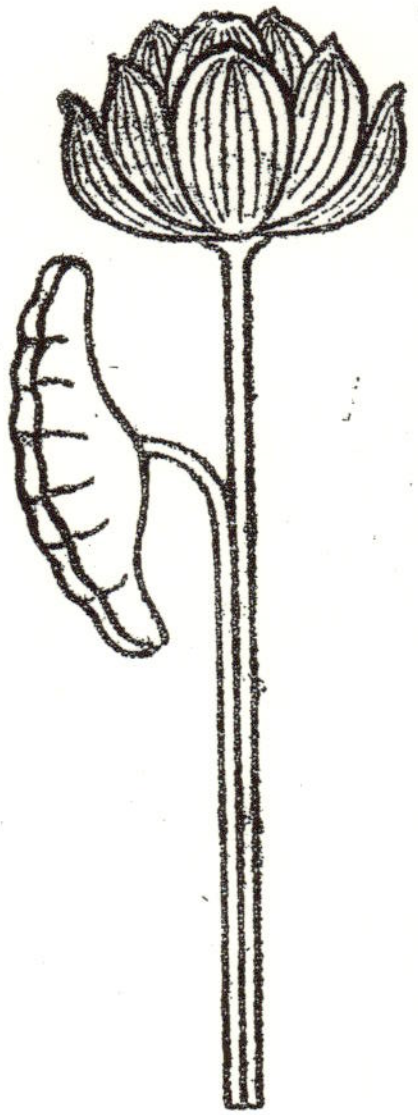

第廿三圖

一莖一葉蓮花

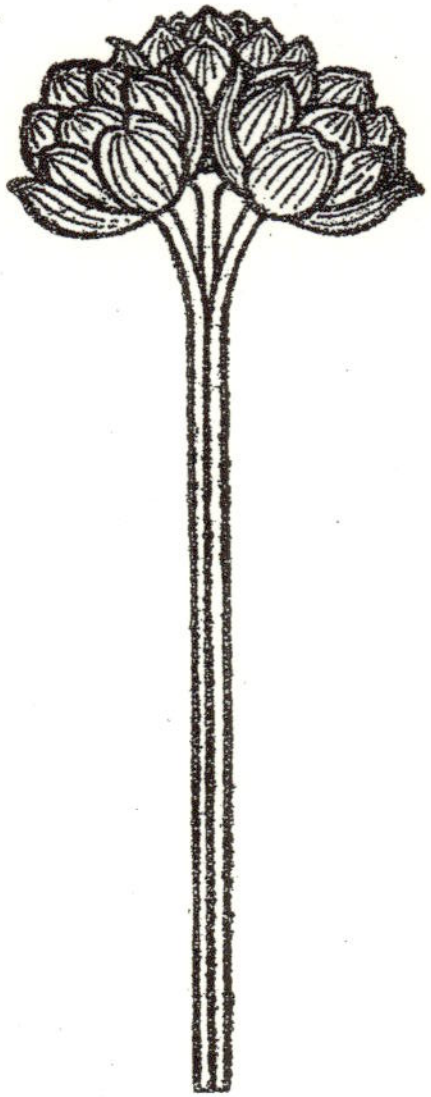

第廿四圖

三莖蓮花

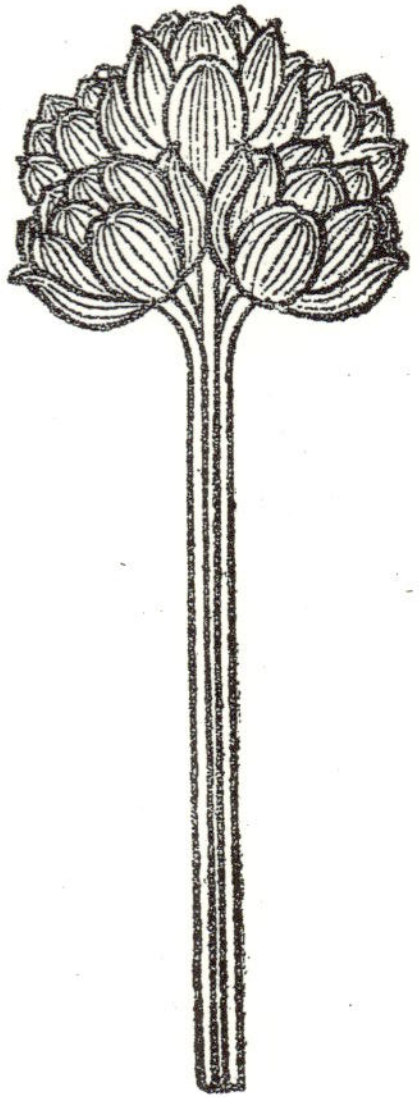

第廿五圖

五莖蓮花

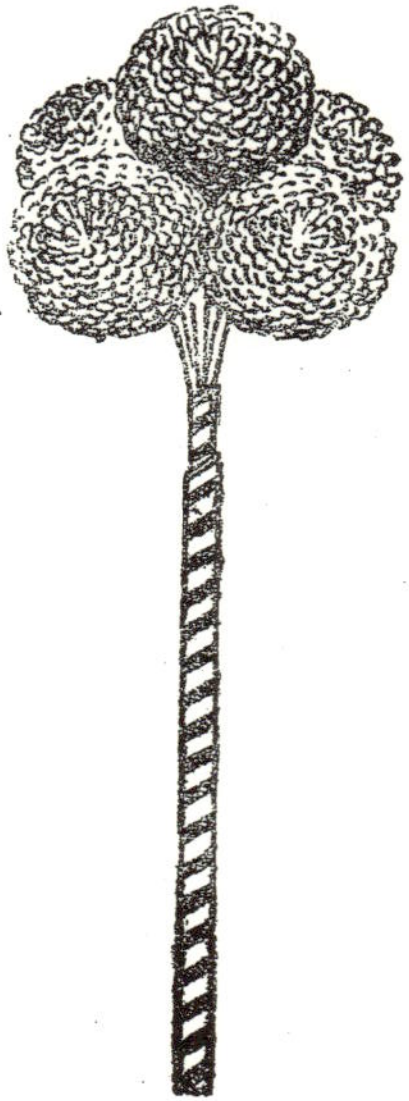

第廿六圖

五莖菊花

第廿七圖　普通樣華鬘

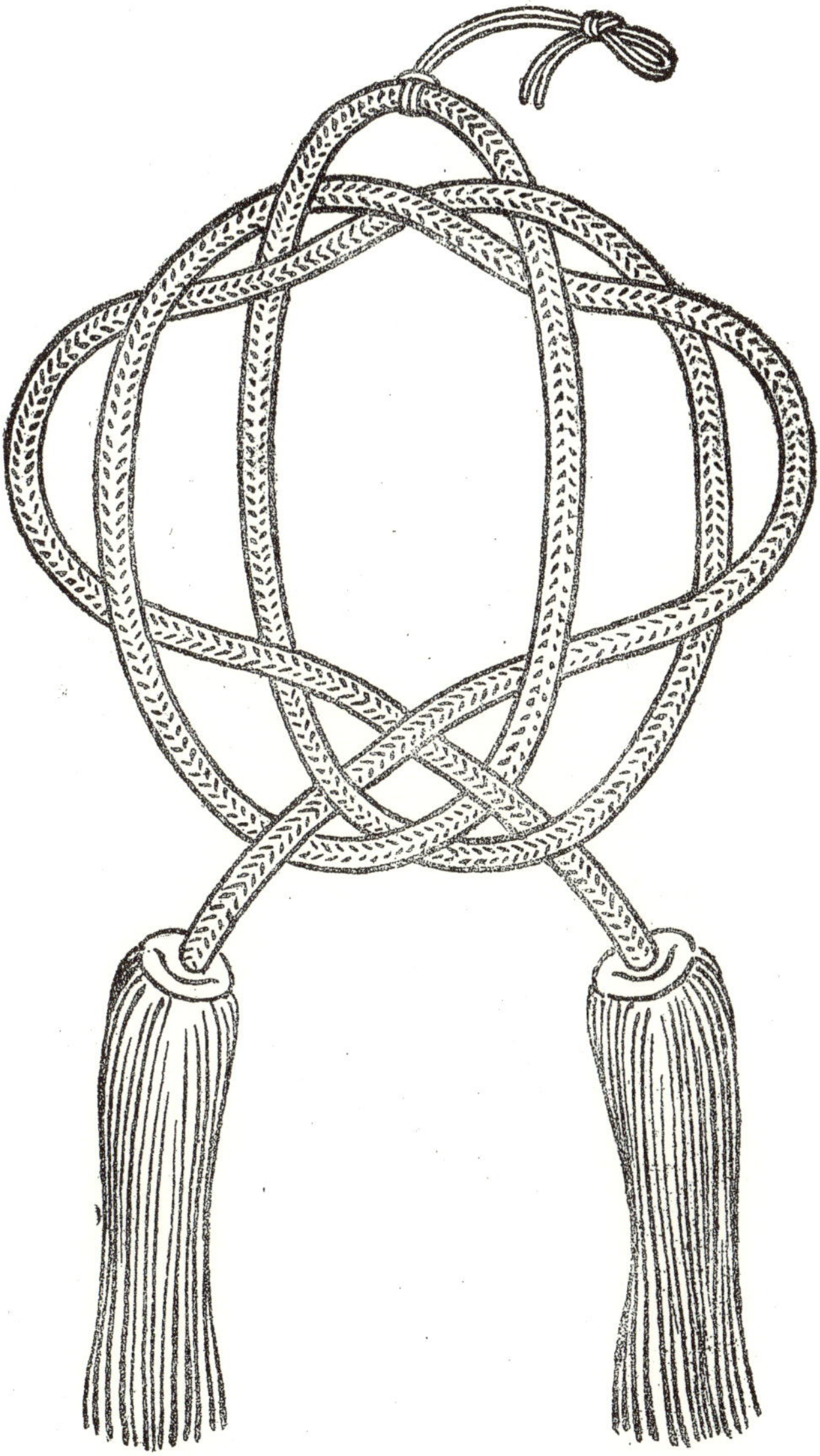

第廿八圖　糸組華鬘

第廿九圖　梵字華鬘

第三十圖　寶塔鈴

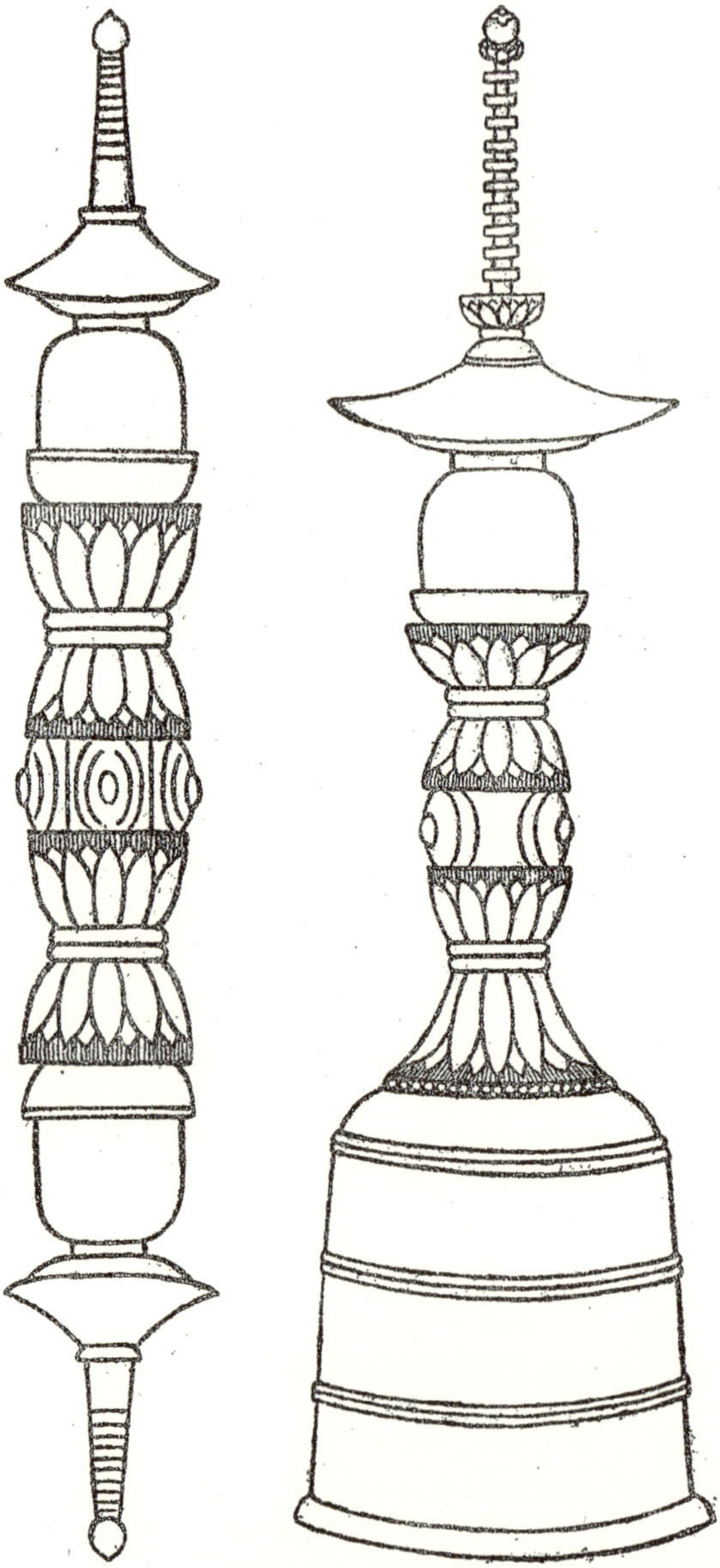

第卅一圖　寶塔鈴ト塔杵

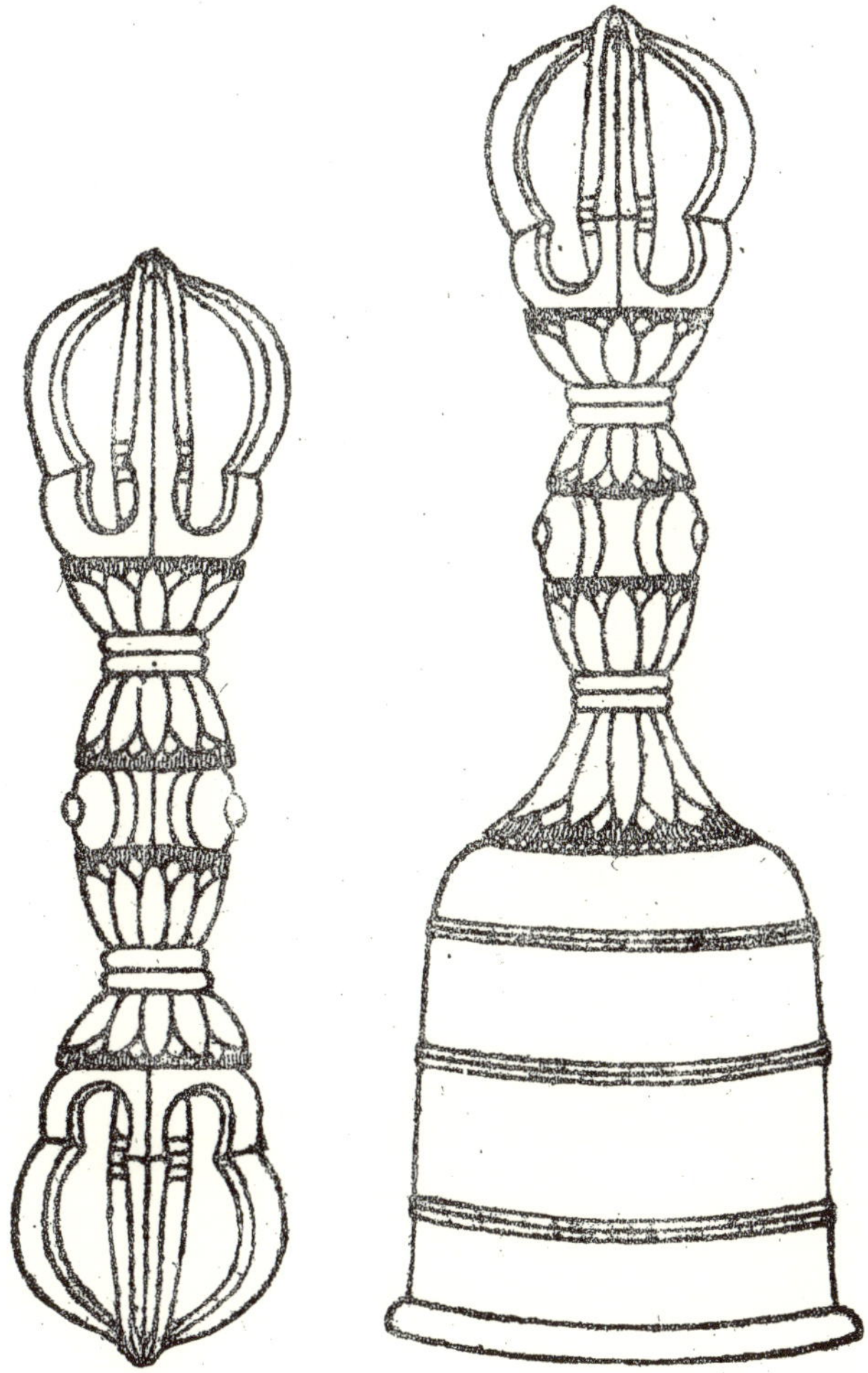

第卅二圖　五鈷鈴ト五鈷杵

第卅三圖　寶珠鈴ト寶杵

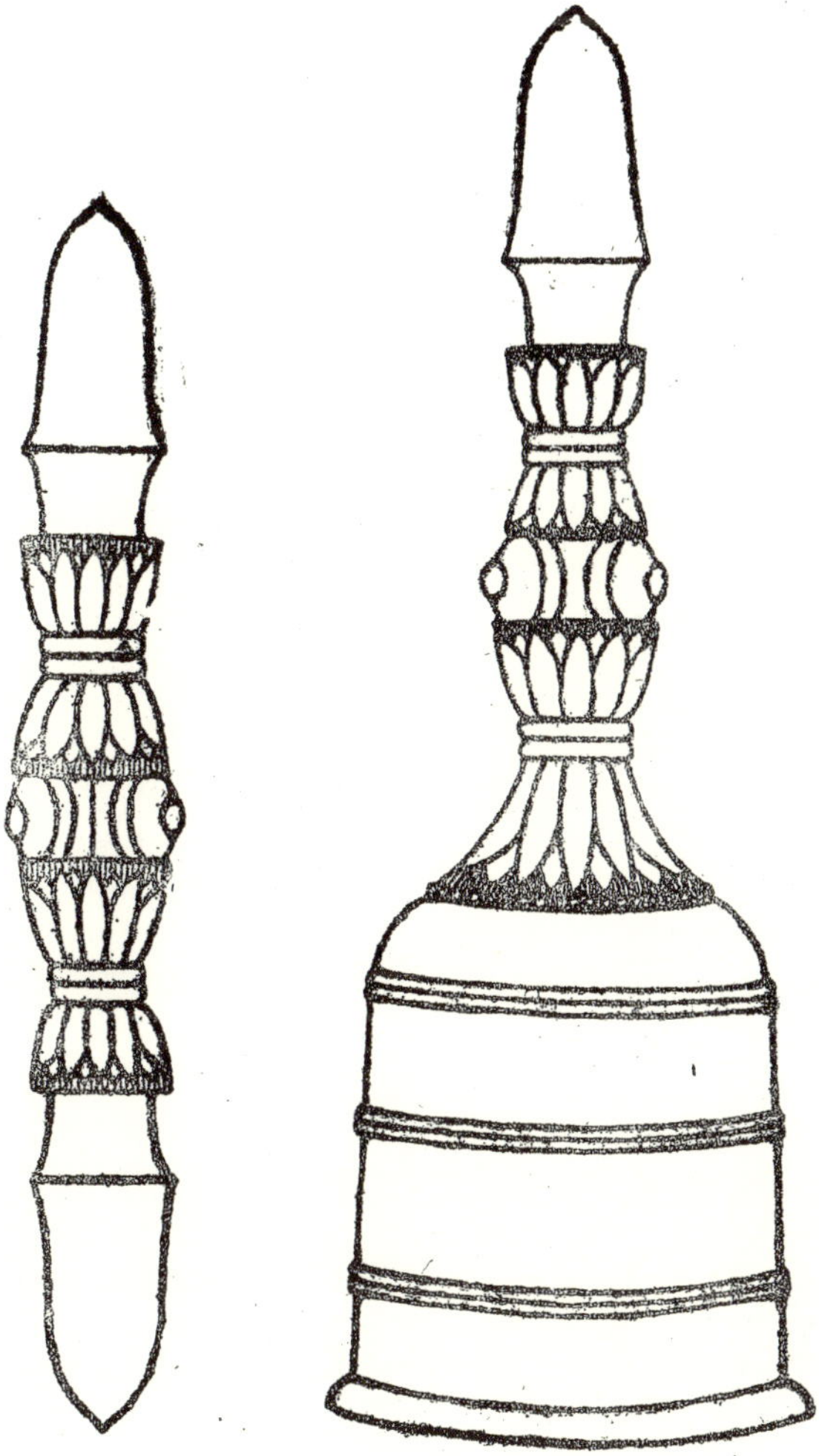

第卅四圖　獨鈷鈴ト獨鈷杵

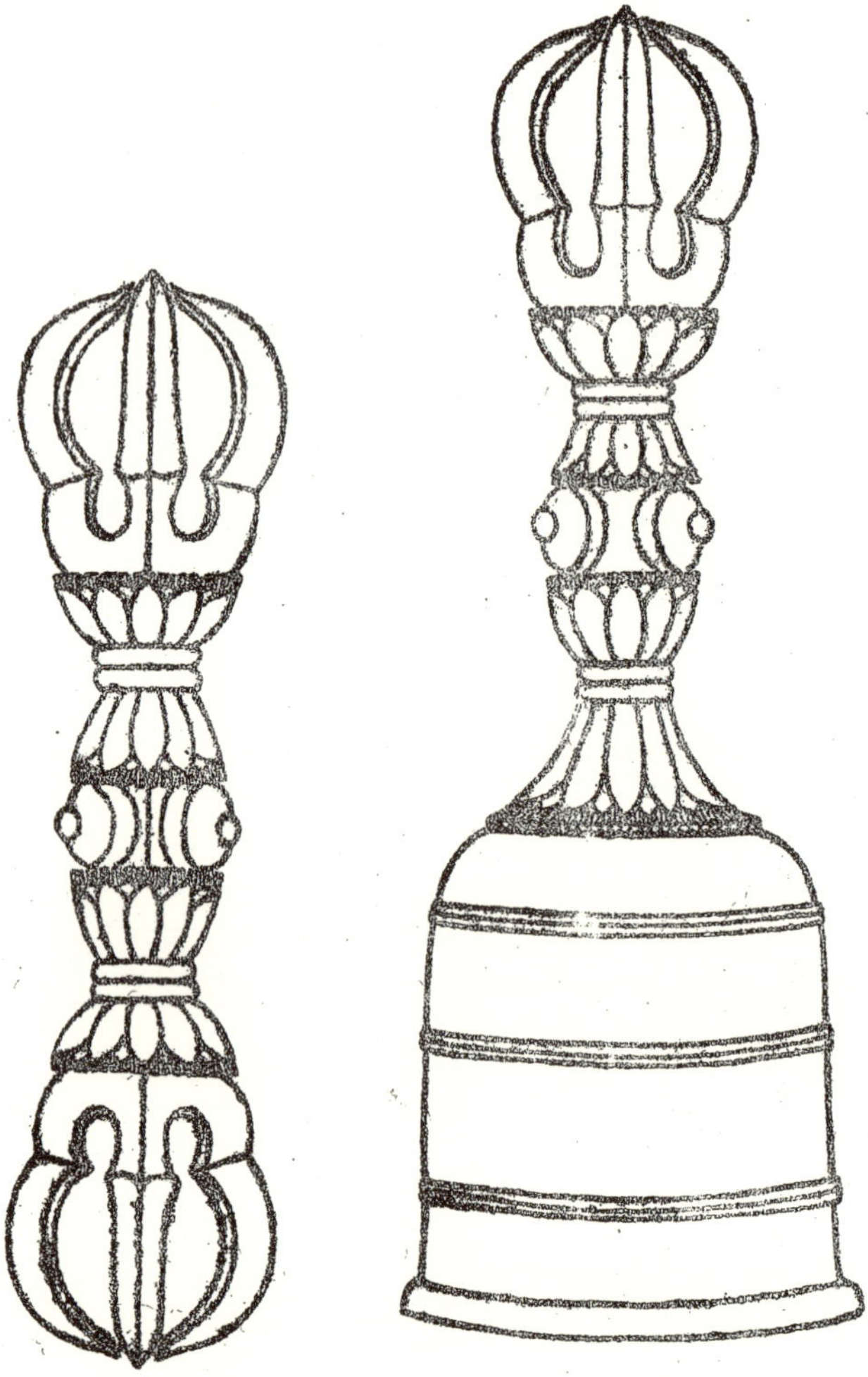

第卅五圖　三鈷鈴ト三鈷杵

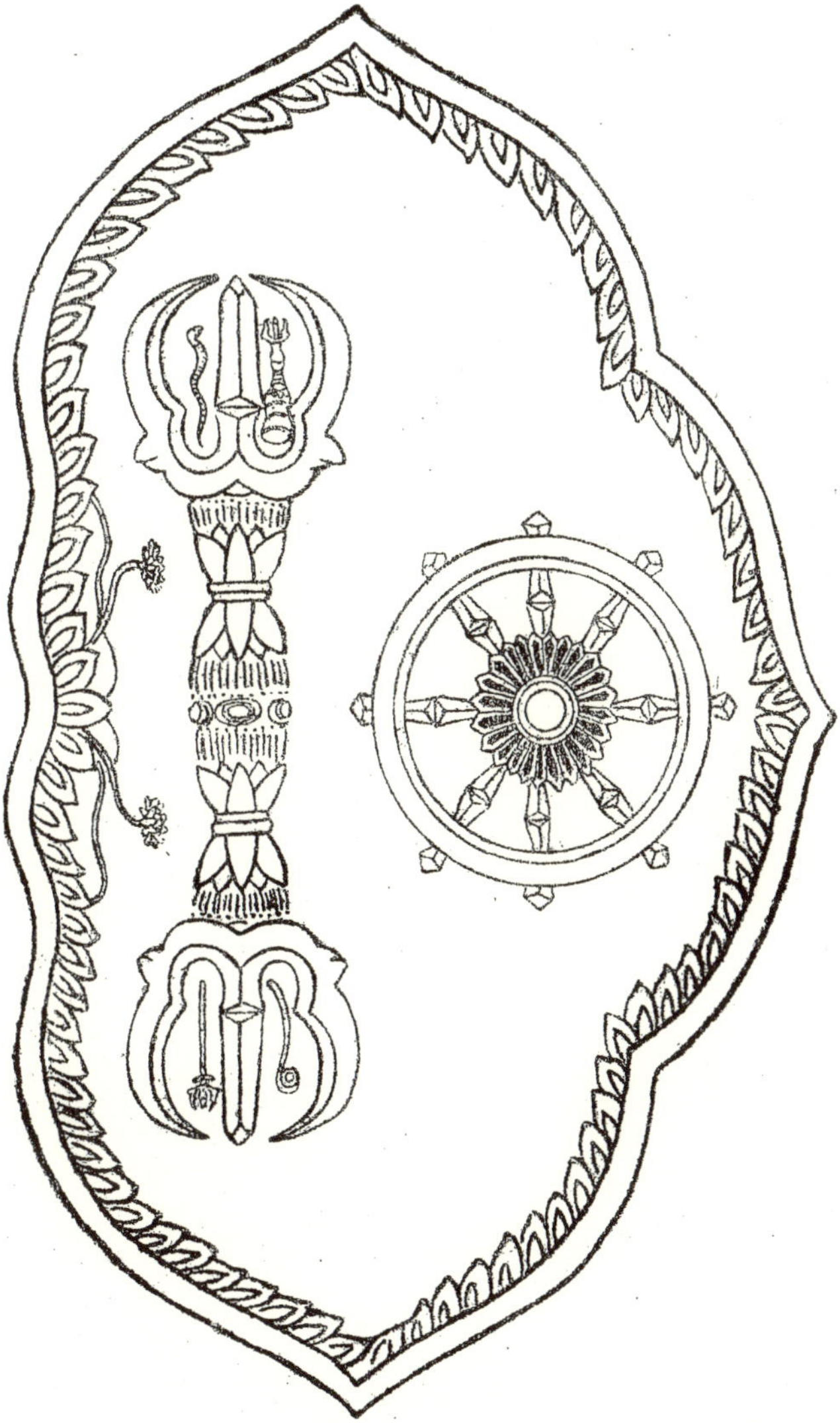

第卅六圖 金剛盤

第卅七圖　金剛盤

第卅八圖　小金剛盤

第卅九圖　蓮花形小金剛盤

第四十圖　大壇四面器陳列の一面

第四十一圖　普通樣火舍

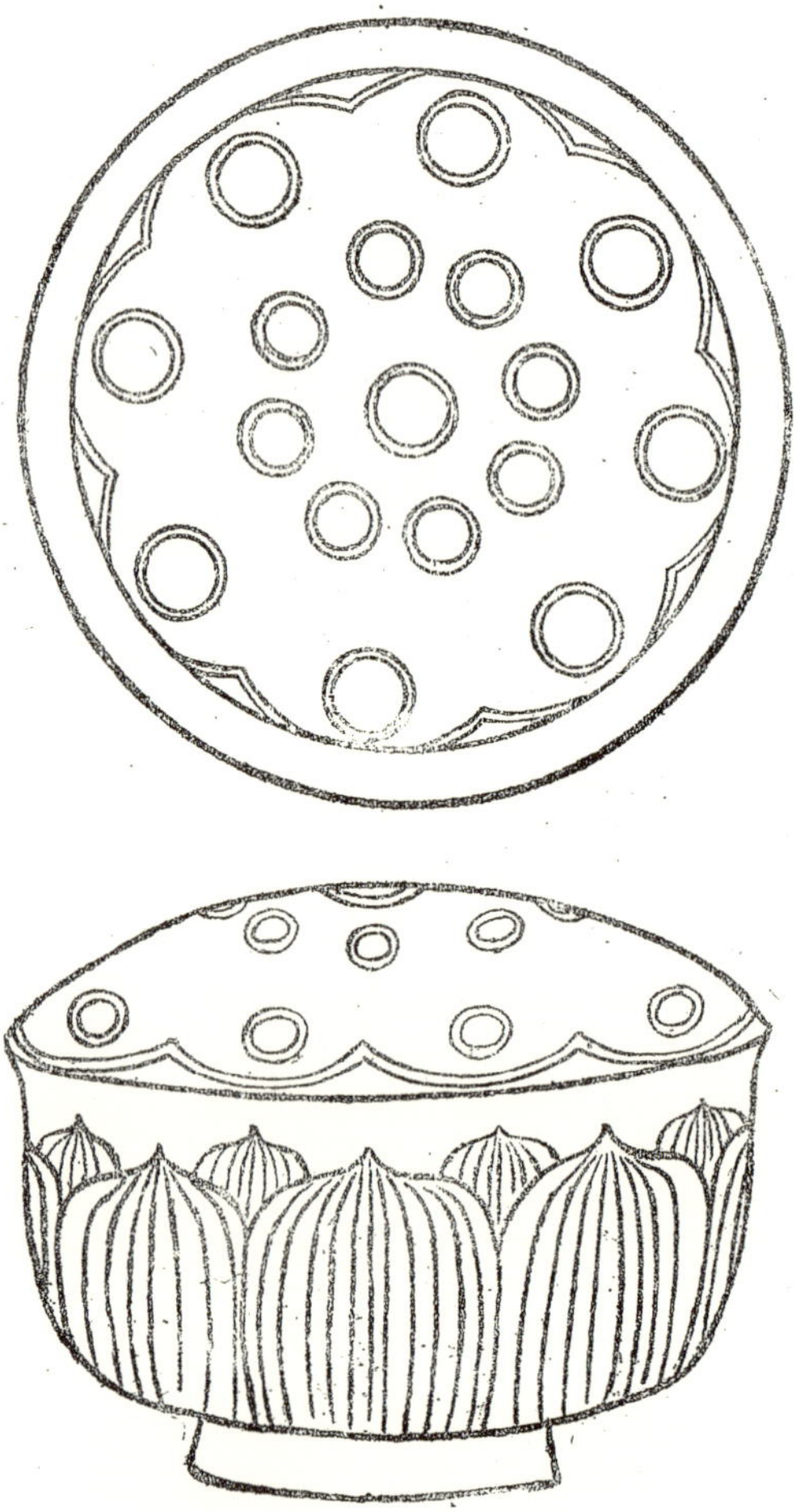

第四十二圖　蓮花形火舍

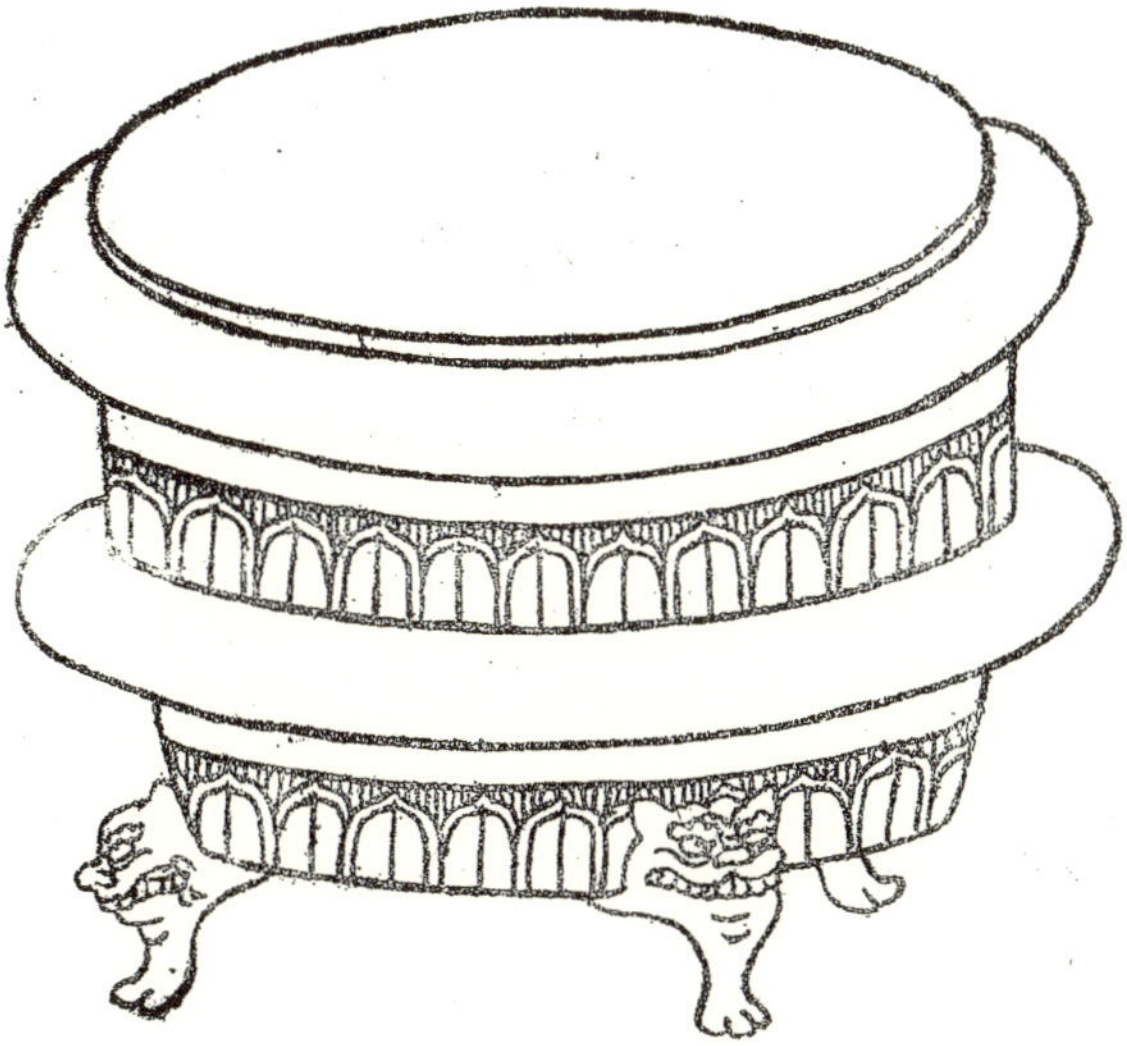

第四十三圖　慈覺大師請來樣火舍

第四十四圖　六器ノ一箇

第四十五圖　慈覺大師請來樣六器ノ一箇

第四十六圖　飲食器

第四十七圖　供物器

第四十八圖　息災法及佛部法用二器

第四十九圖　灌頂及增益法寶部法用二器

第五十圖　調伏法及金剛部法用二器

第五十一圖　敬愛法及蓮花部法用二器

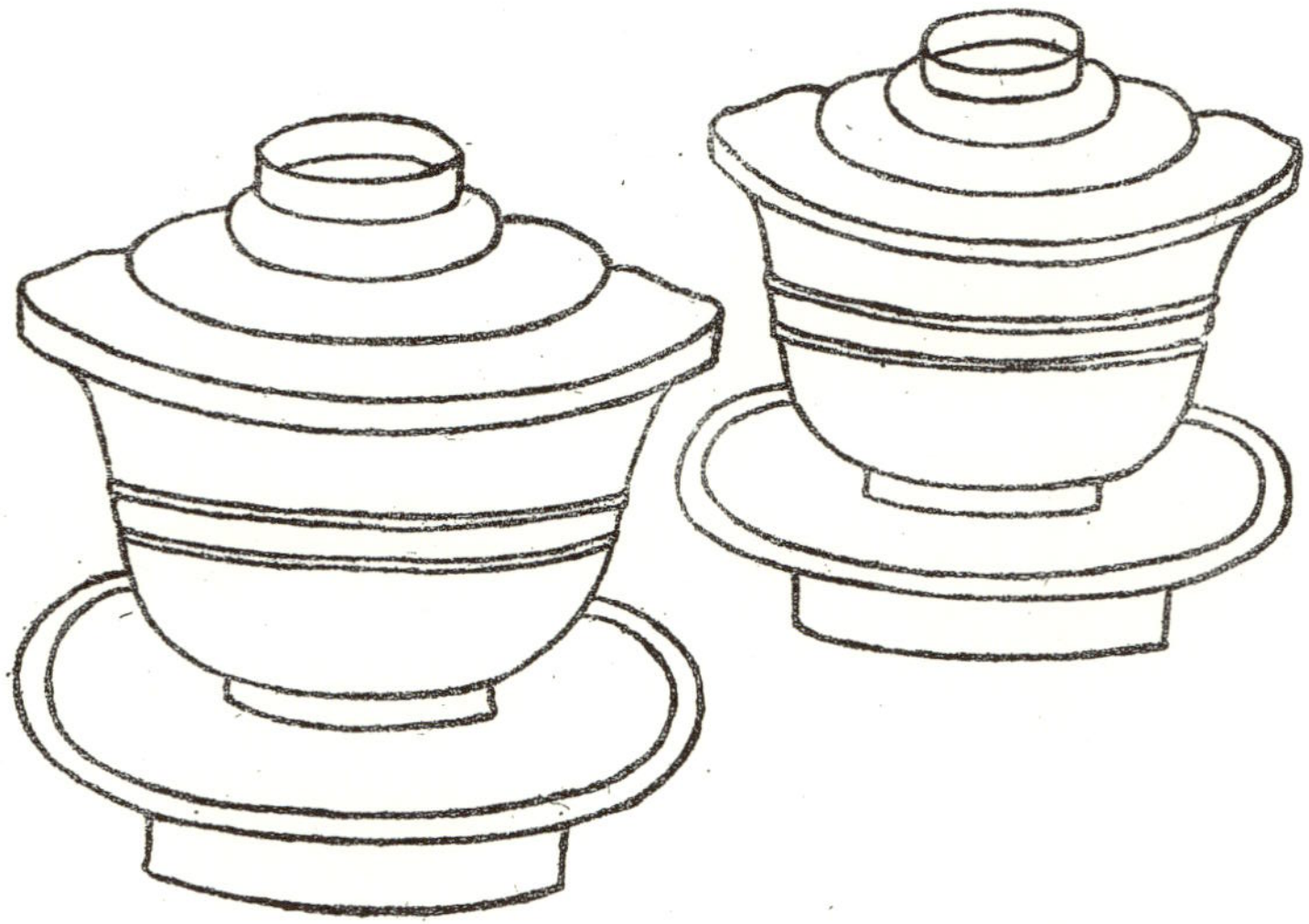

第五十二圖　普通諸部用二器

第五十三圖　妙香印紇哩字香爐

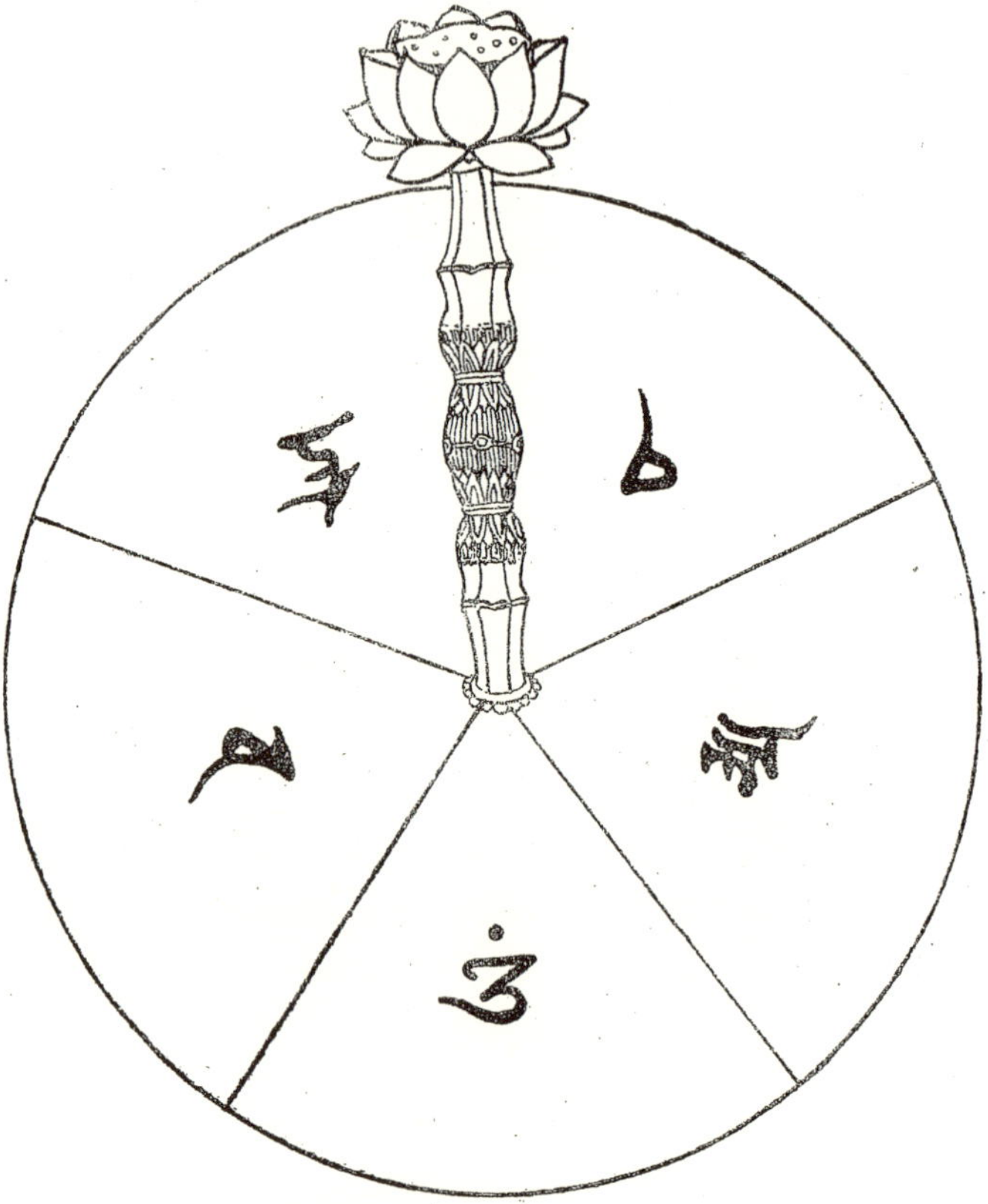

第五十四圖　紇哩香爐蓋ノ梵字

第五十五圖　紇哩字香盛機械

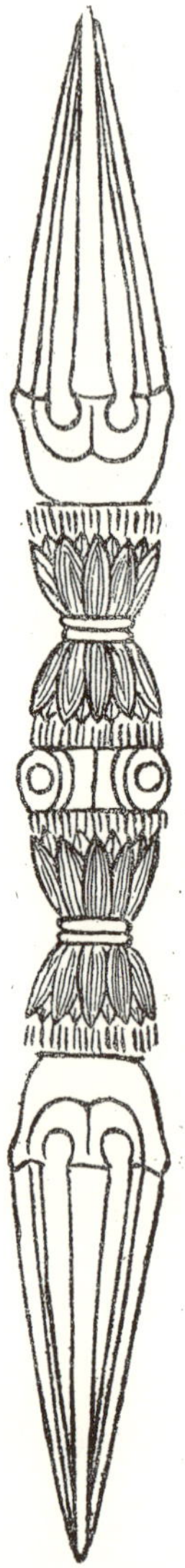

第五十六圖　都五鈷杵

第五十七圖　鬼面獨鈷杵

第五十八圖　鬼面五鈷杵

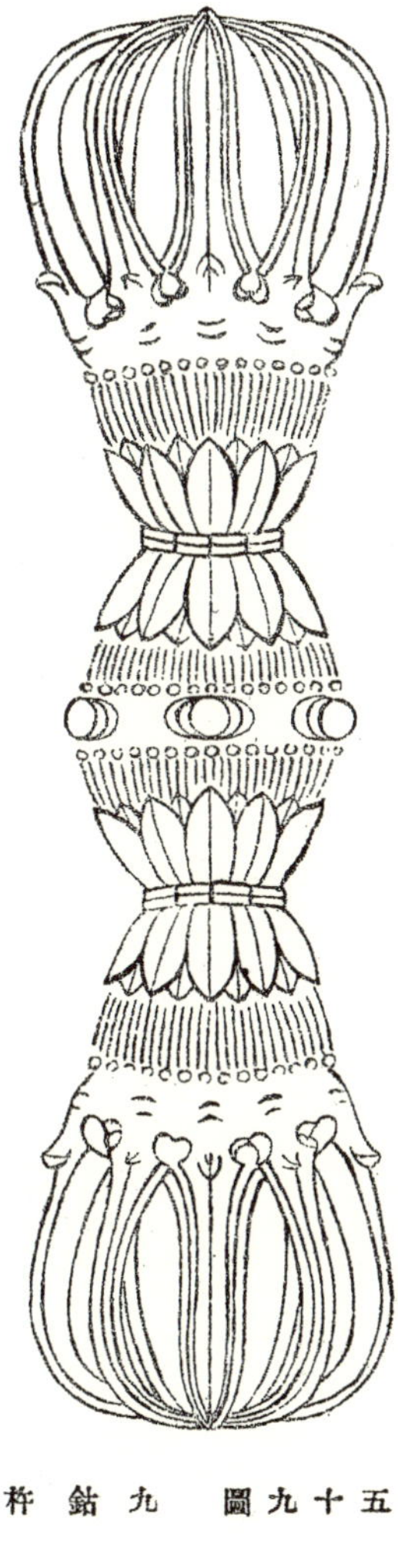

第五十九圖　九鈷杵

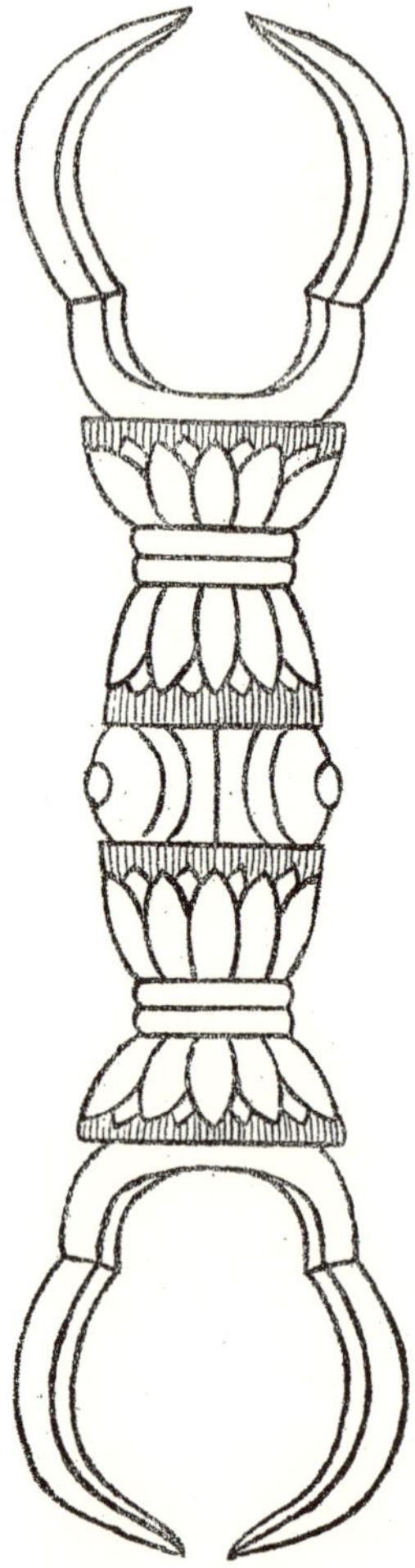

第六十圖　二鈷杵

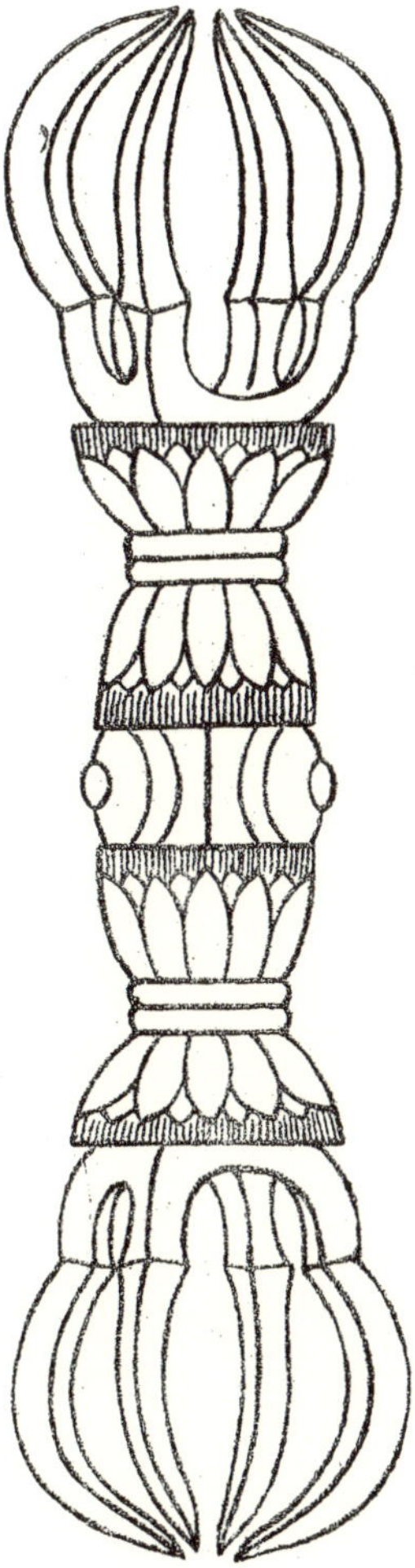

第六十一圖　四鈷杵

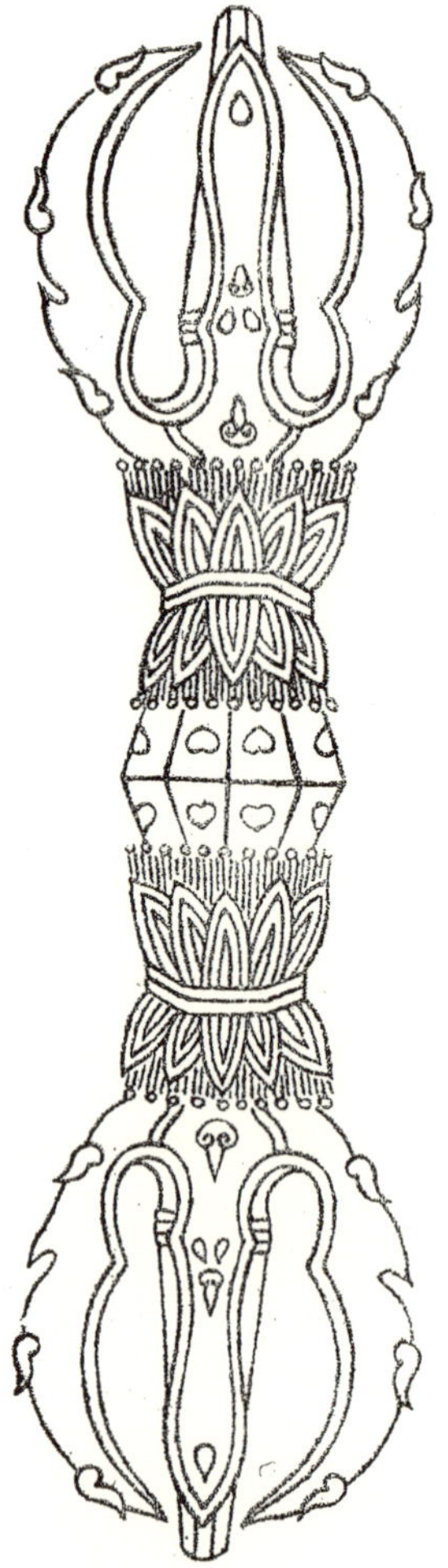

第六十二圖　雲形五鈷杵

第六十三圖

慈覺大師請來様鬼面五鈷杵

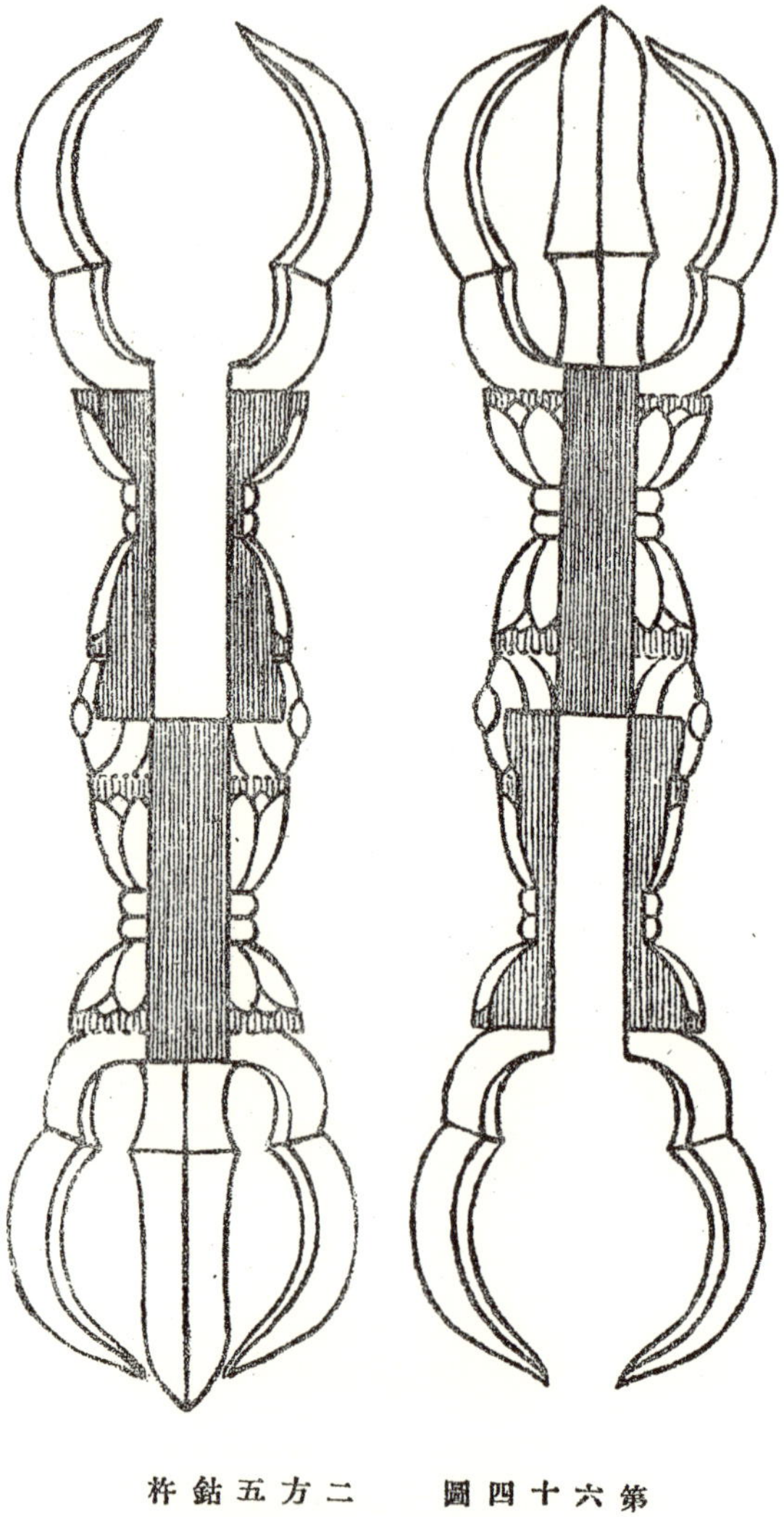

第六十四圖　二方五鈷杵

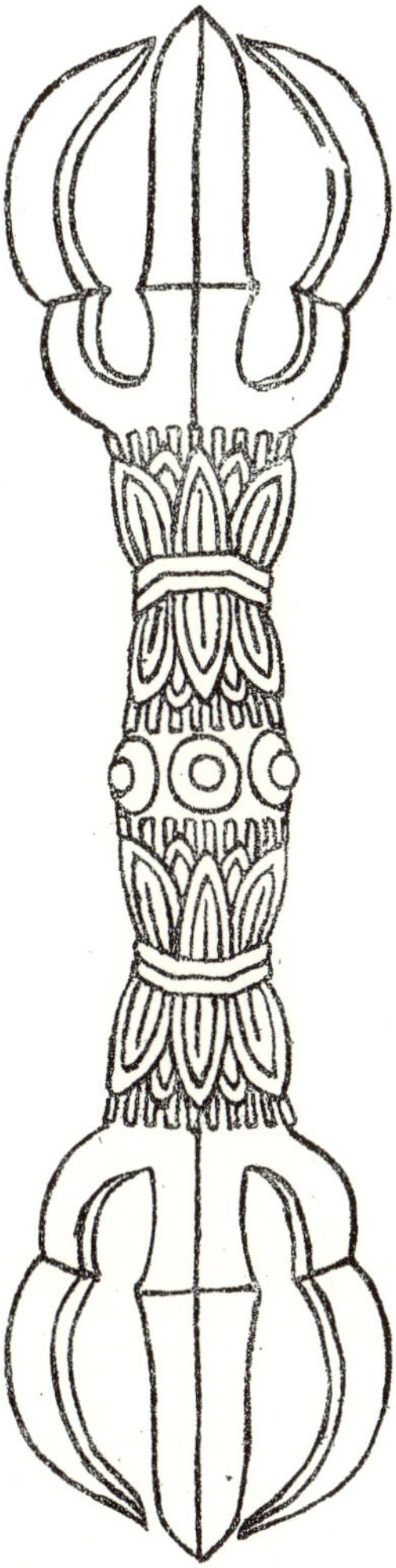

第六十五圖　人形五鈷杵

第六十六圖　唐製五鈷鈴及四天王ノ像

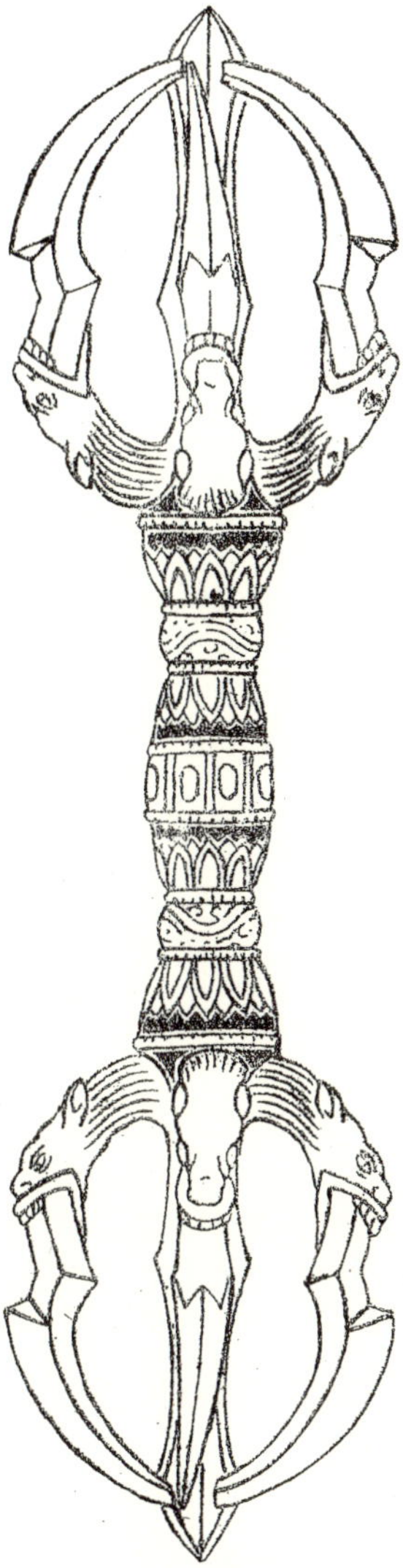

第六十七圖　唐製五鈷杵

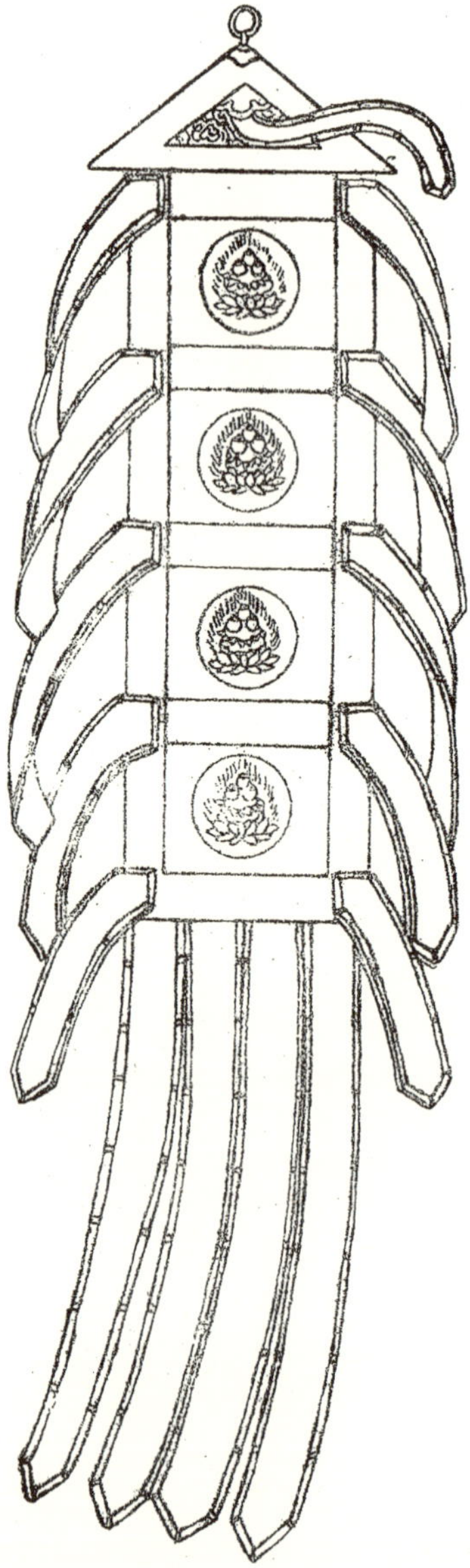

第六十八圖　禮堂用幢

第六十九圖　三摩耶戒壇八角天蓋

第七十圖ノ一　三摩耶戒壇四角天蓋ノ一

第七十圖ノ二　戒壇四角天蓋ノ二

第七十一圖　玉旛

第七十二圖　玉旛鉆龍頭

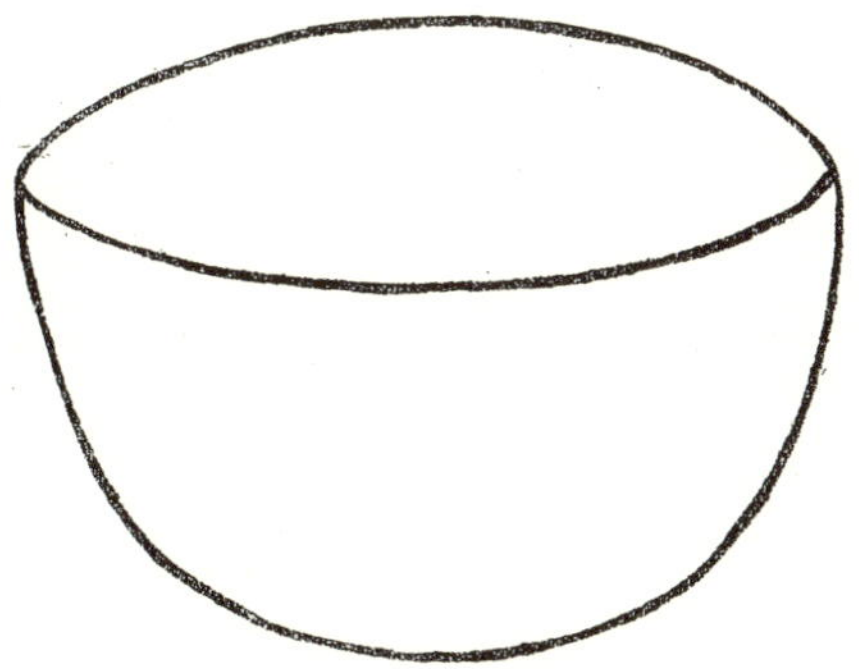

第七十三圖　片供ノ一箇

第七十四圖　卍字香爐

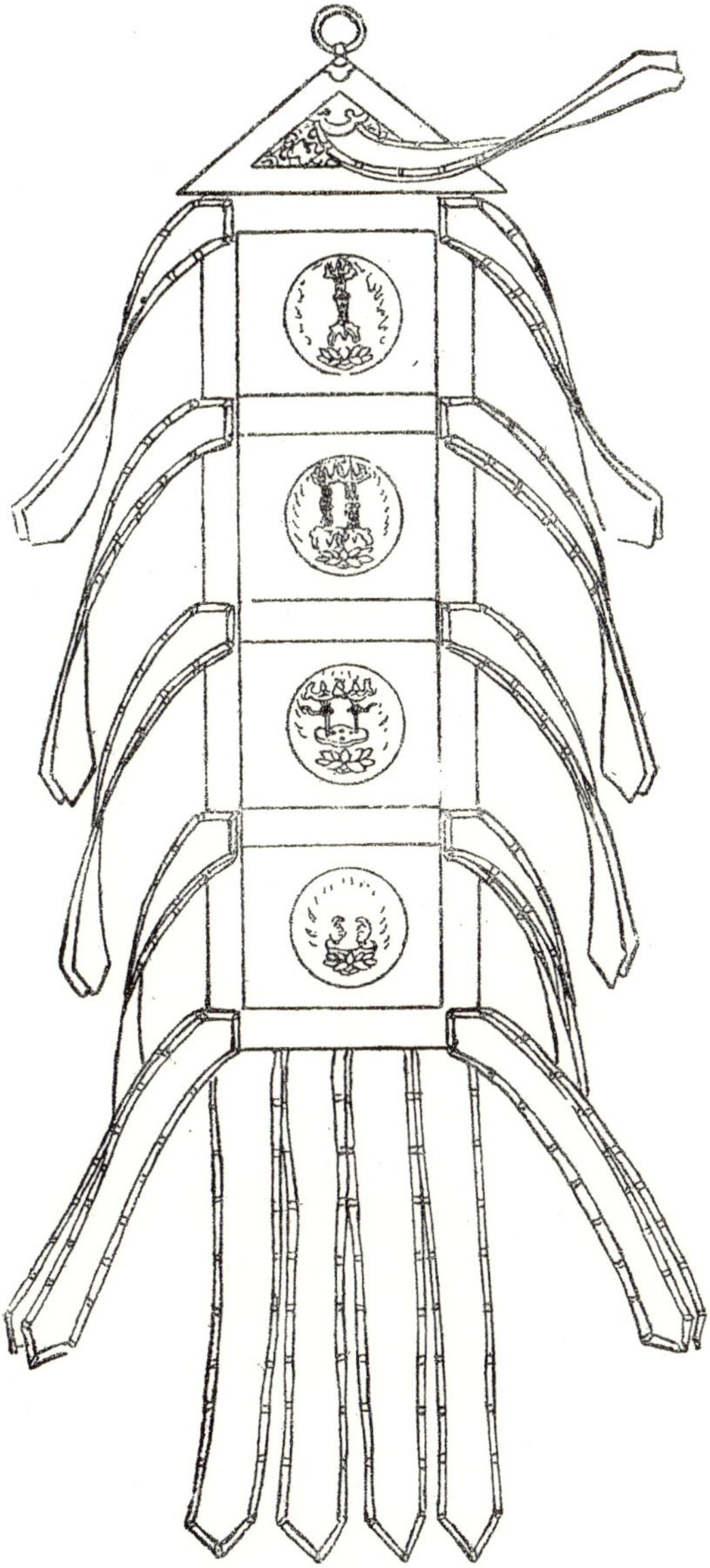

第七十五圖　三摩耶戒壇天蓋幢東方

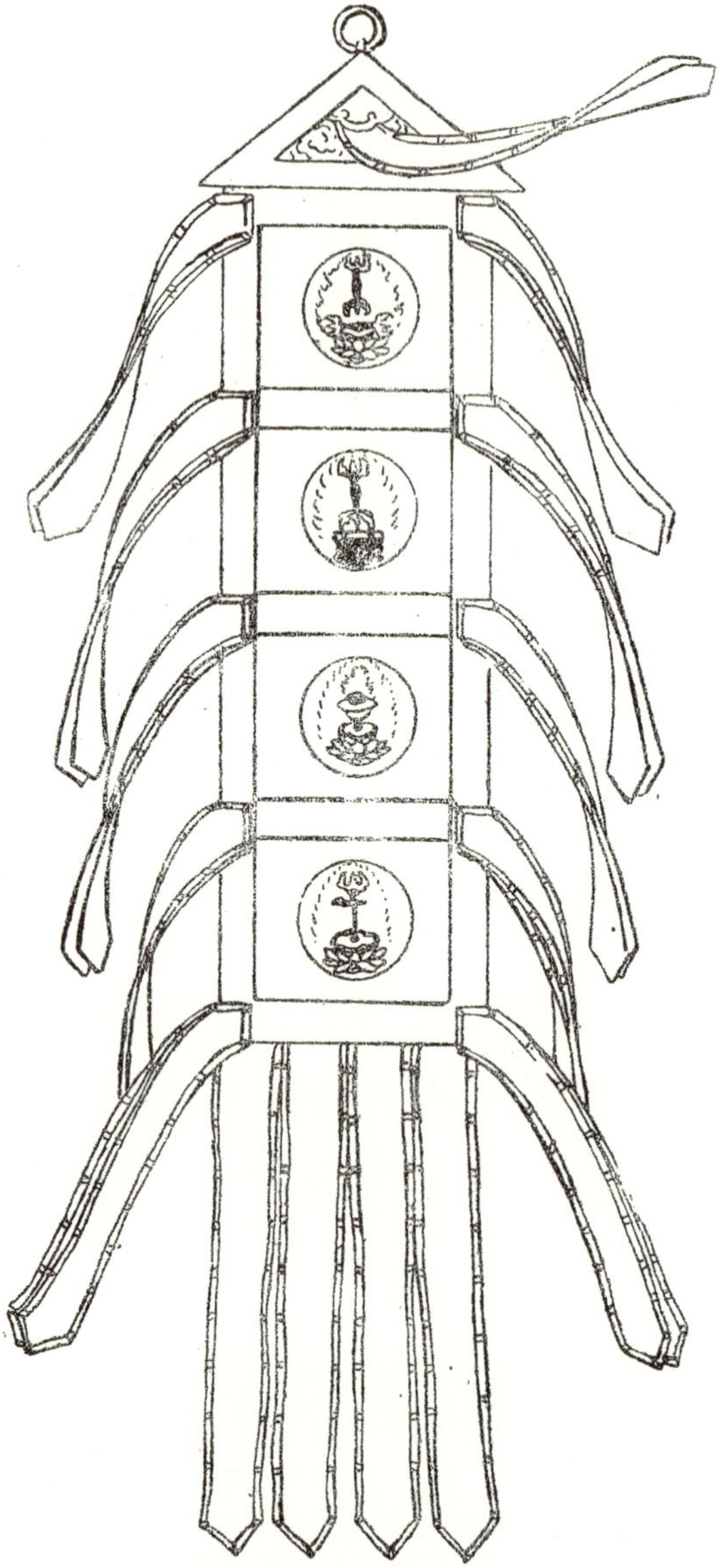

第七十六圖　同上東南方

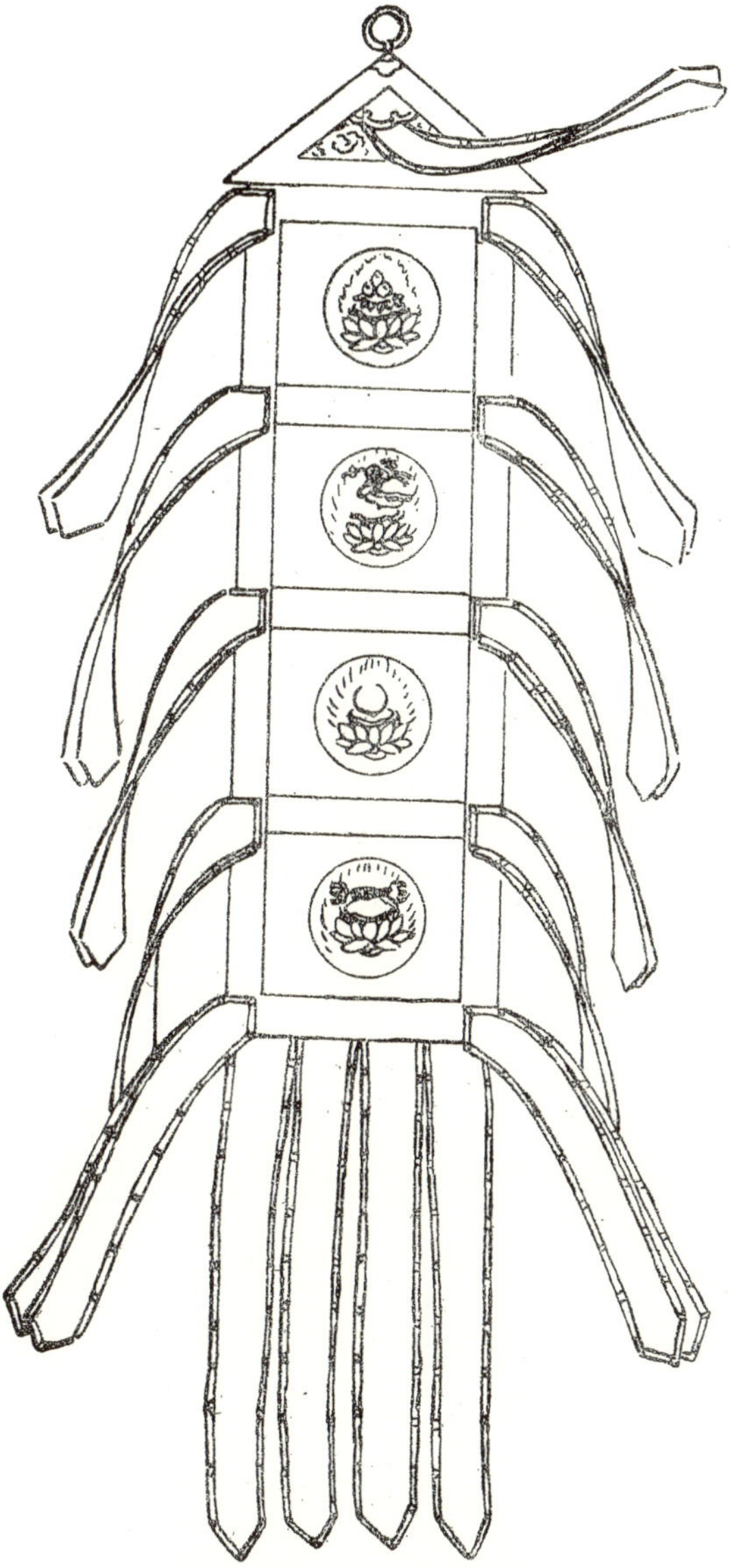

第七十七圖　同上南方

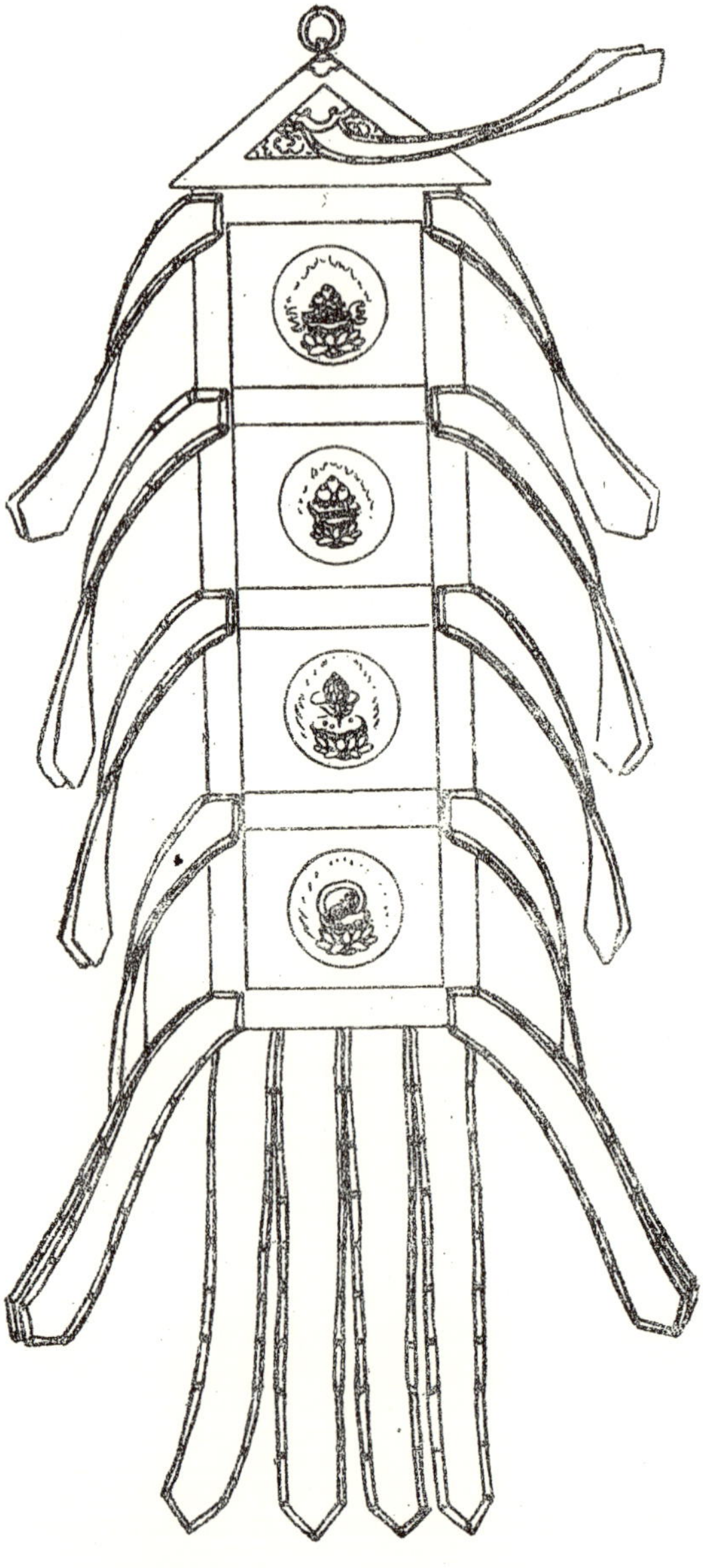

第七十八圖　同上西南方

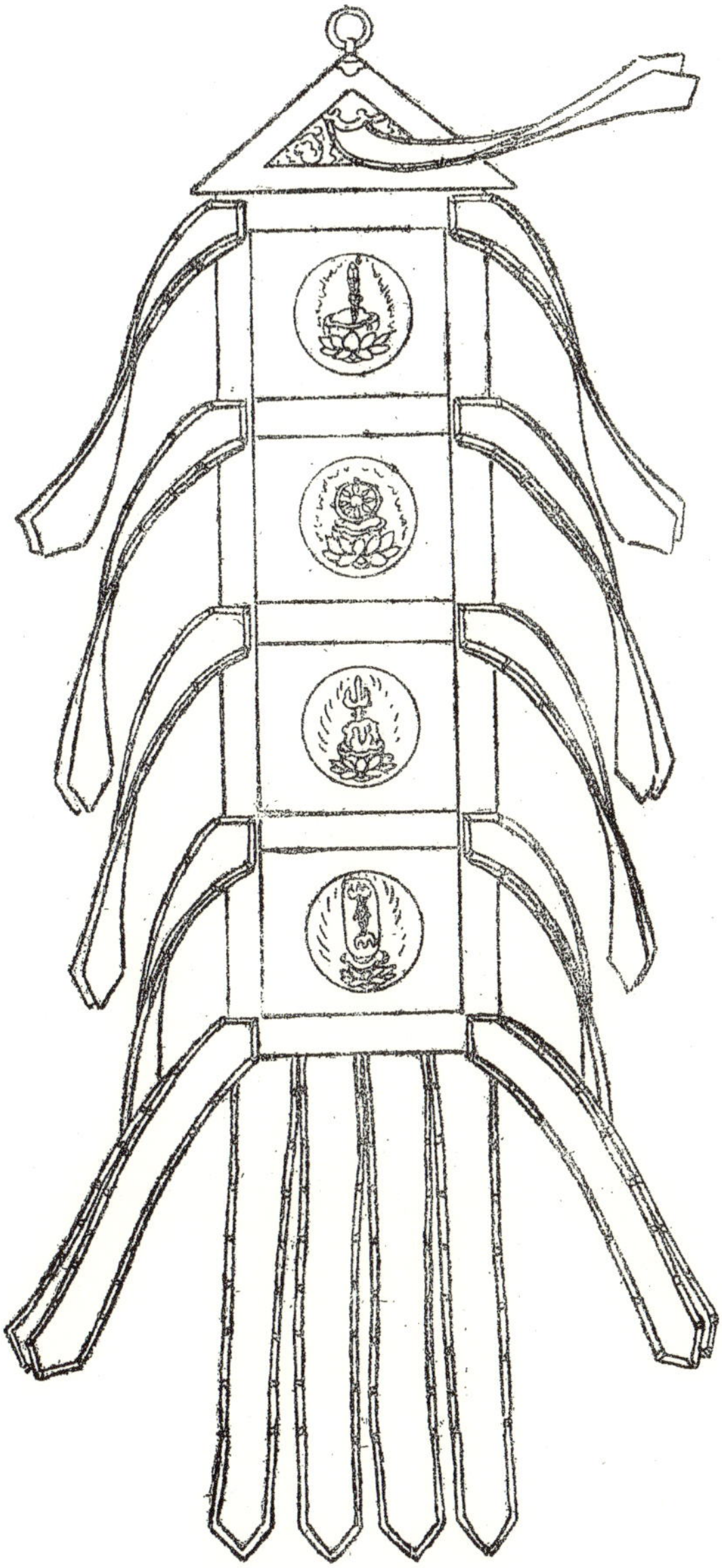

第七十九圖　同上西方

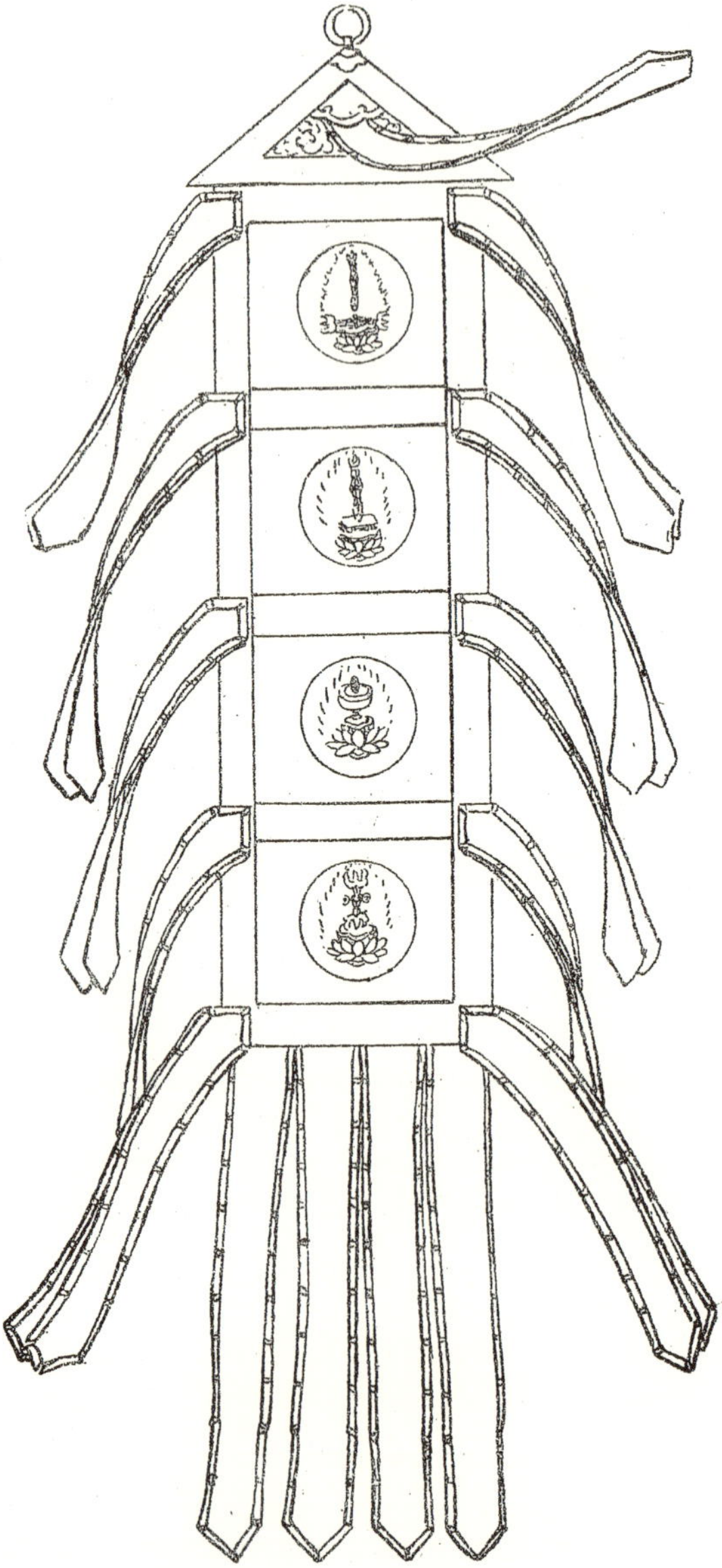

第八十圖　同上西北方

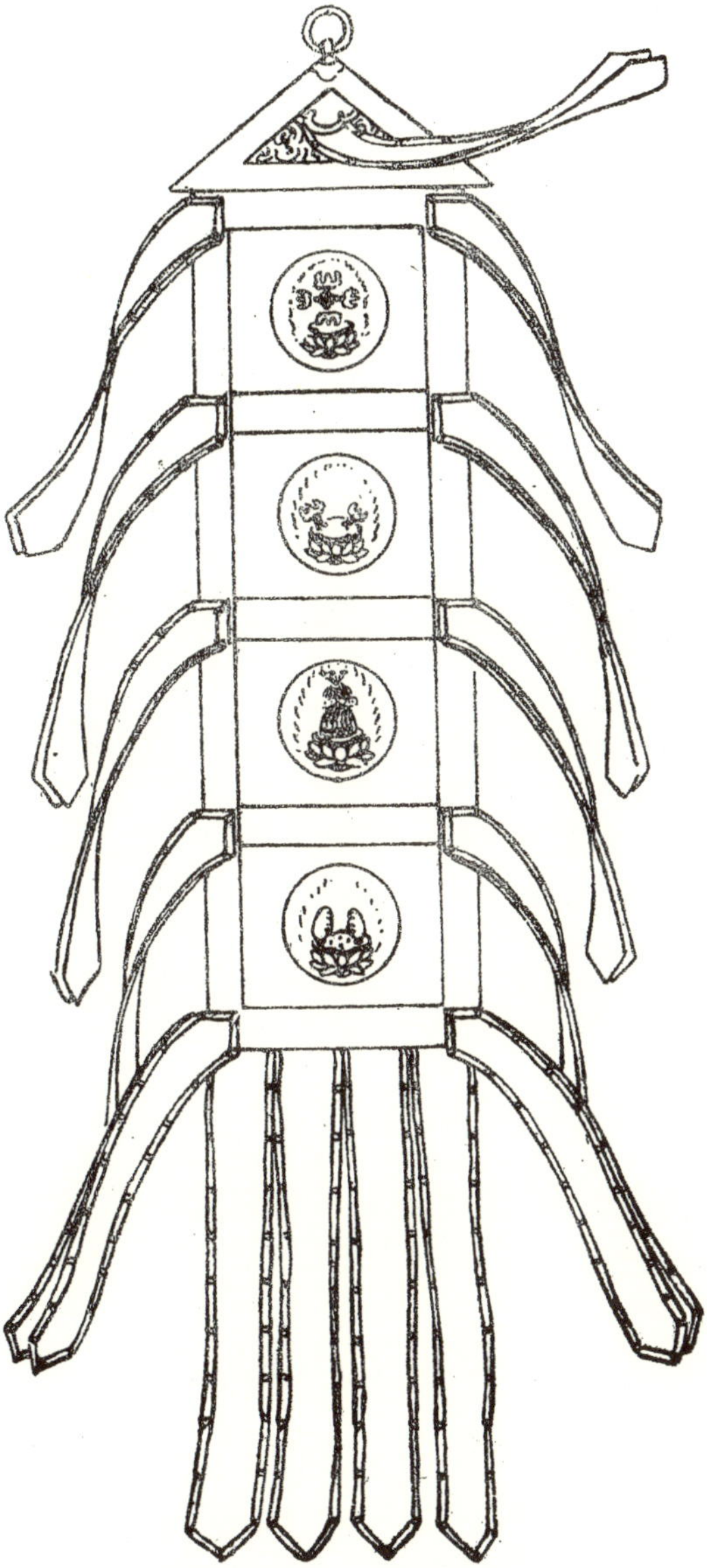

第八十一圖　同上北方

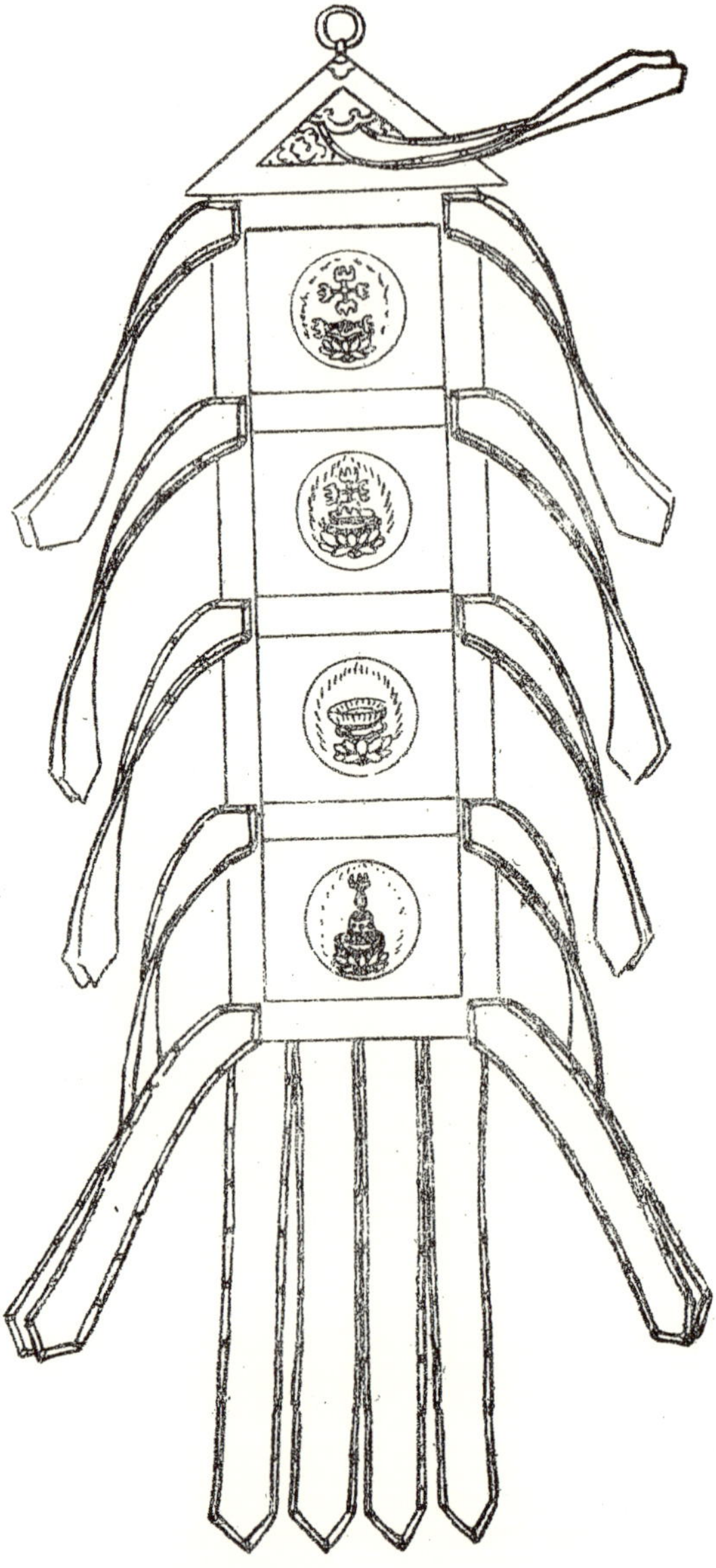

第八十二圖　同上東北方

第八十三圖　香象

第八十四圖　胎藏法大壇上天蓋內面

第八十五圖　金剛界大壇上天蓋內面

第八十六圖　正覺壇敷曼荼羅

第八十七圖　正覺壇蓮花座

第八十八圖　寶冠

第八十九圖　赤白紫色傘蓋

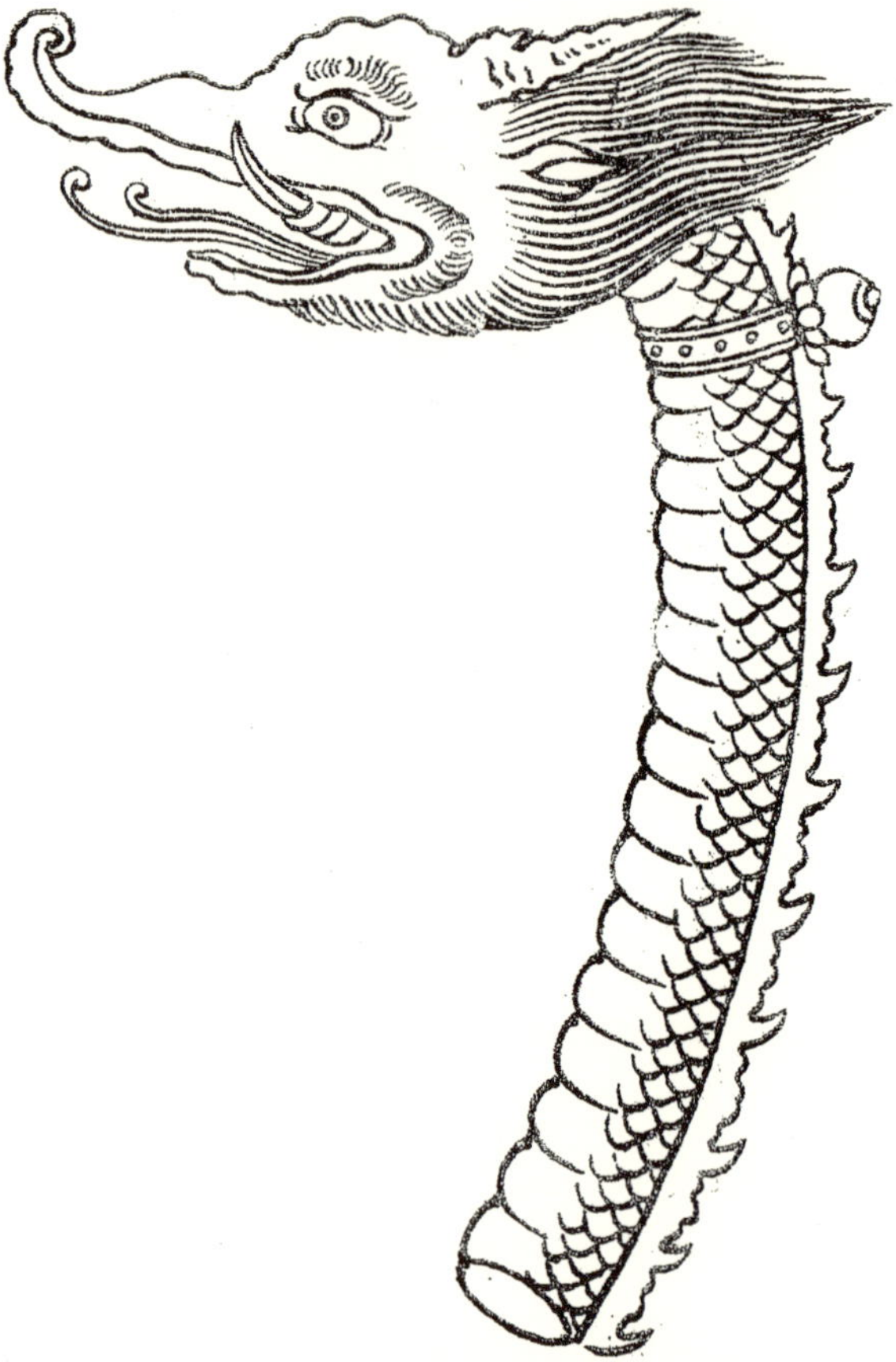

第九十圖　傘蓋用龍頭

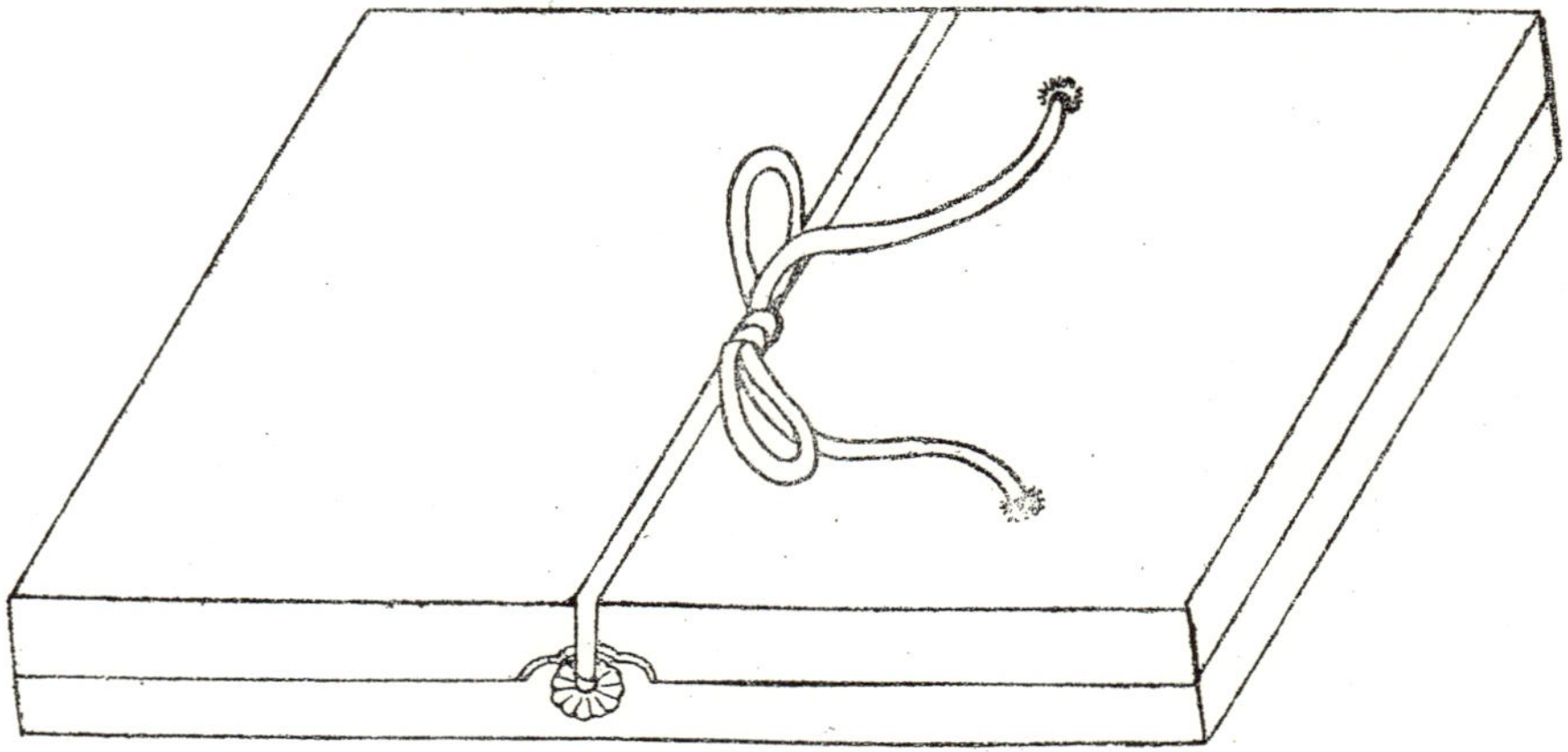

第九十一圖　秘密道具箱

第九十二圖　塗香器

第九十三圖ノ一　珠鬘ト腕釧

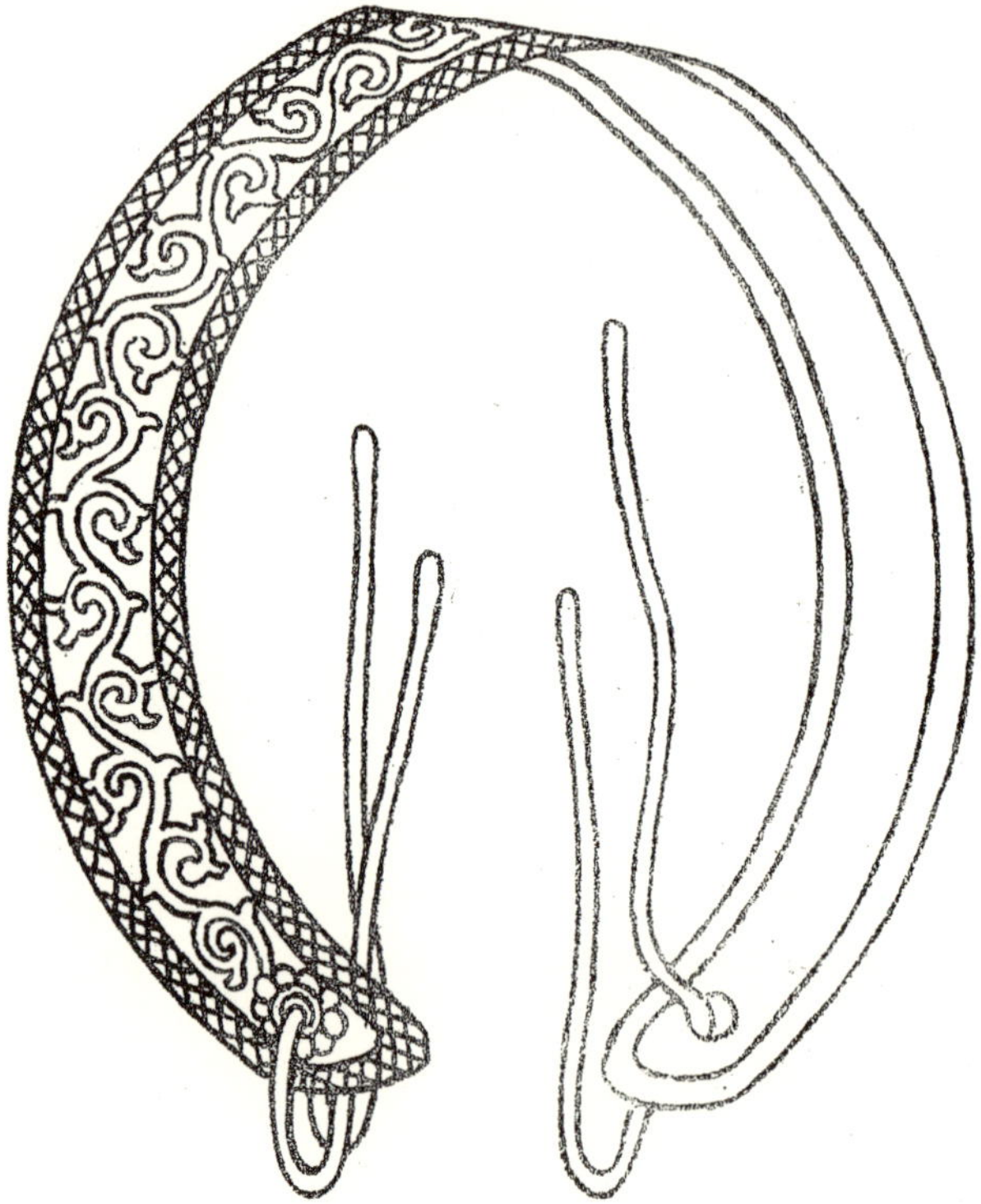

第九十三圖ノ二　鞲釧

第九十四圖　華鬘

總じて線類は五色の糸の一色一色を幾本か合せたるものにて組み絢ふを法とす

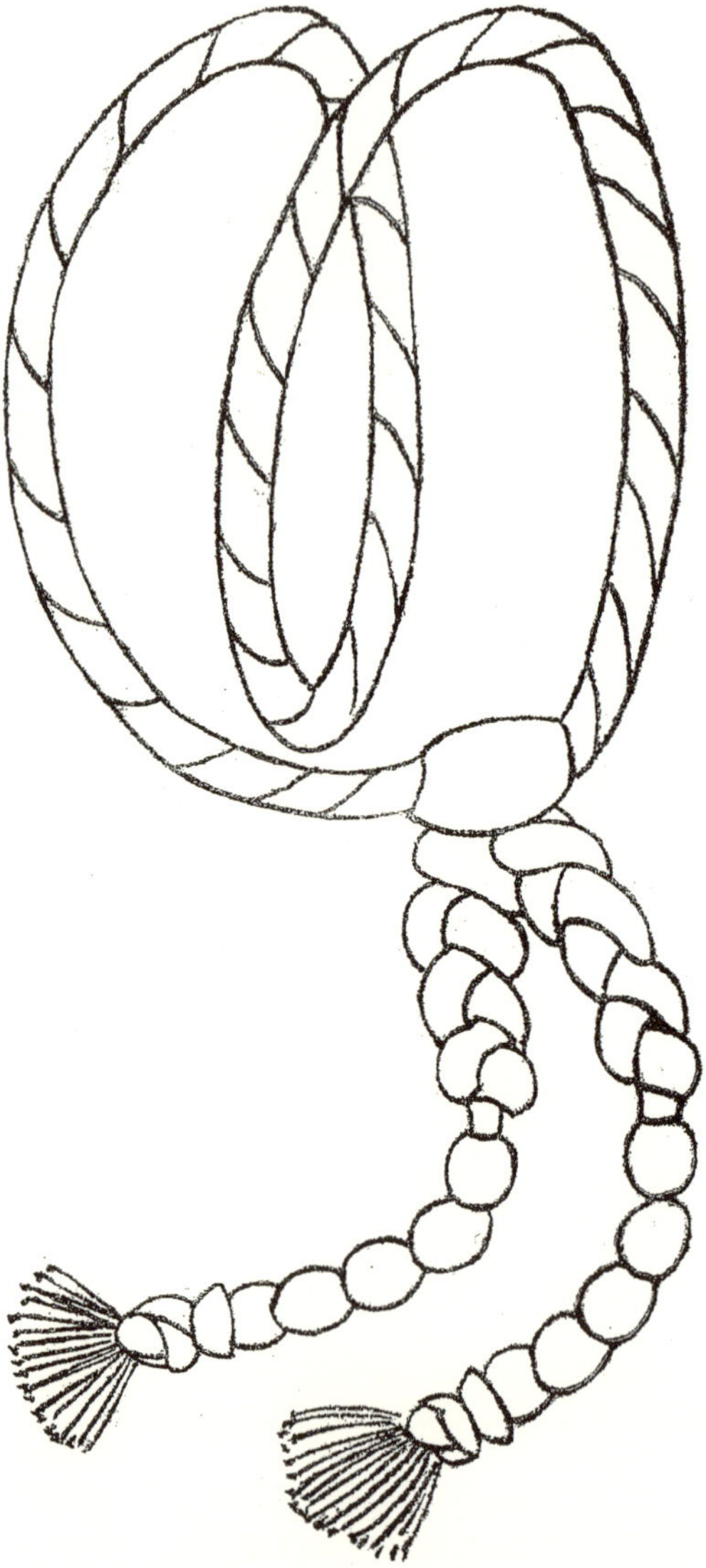

第九十五圖　台密用絡膊金剛線

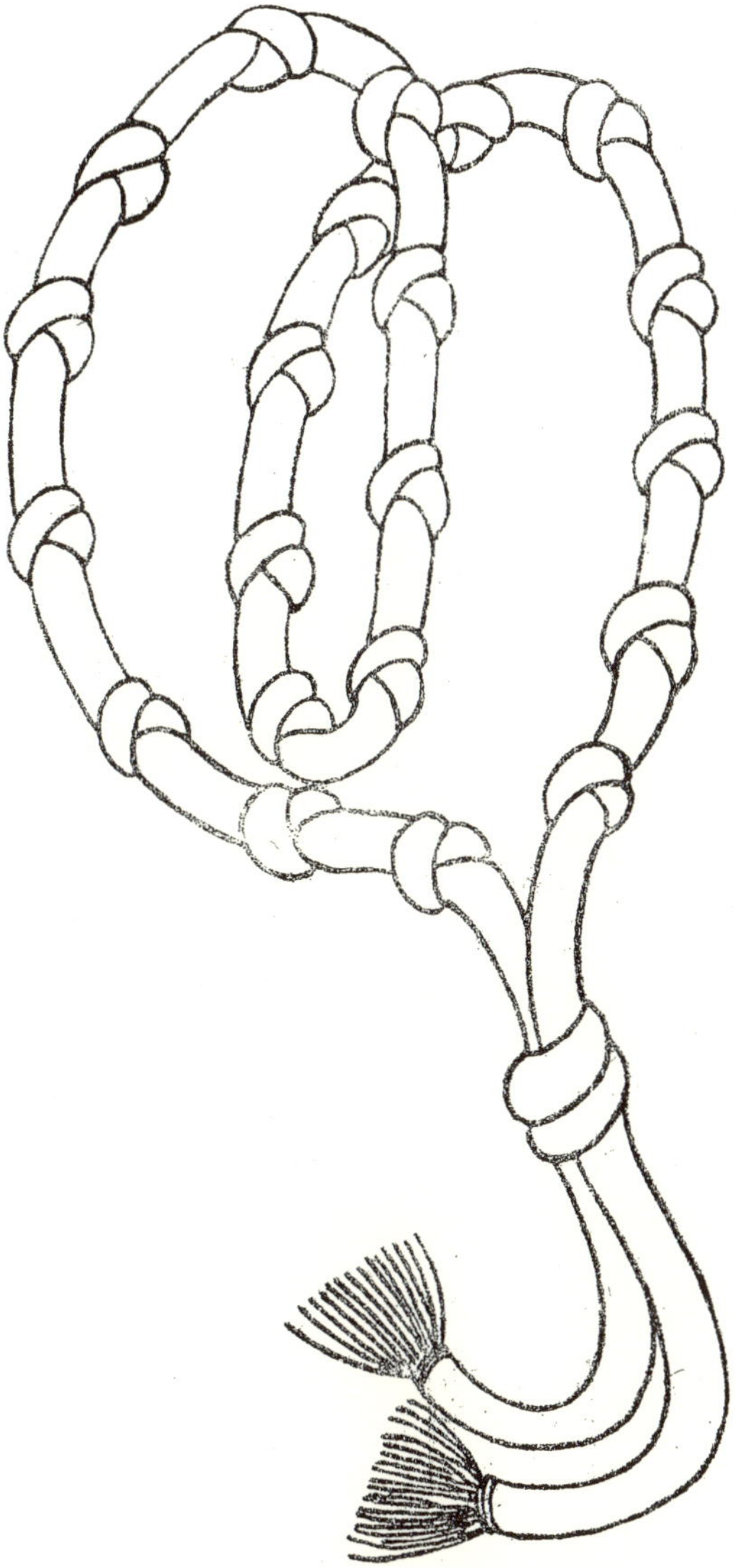

第九十六圖　台密用修多羅

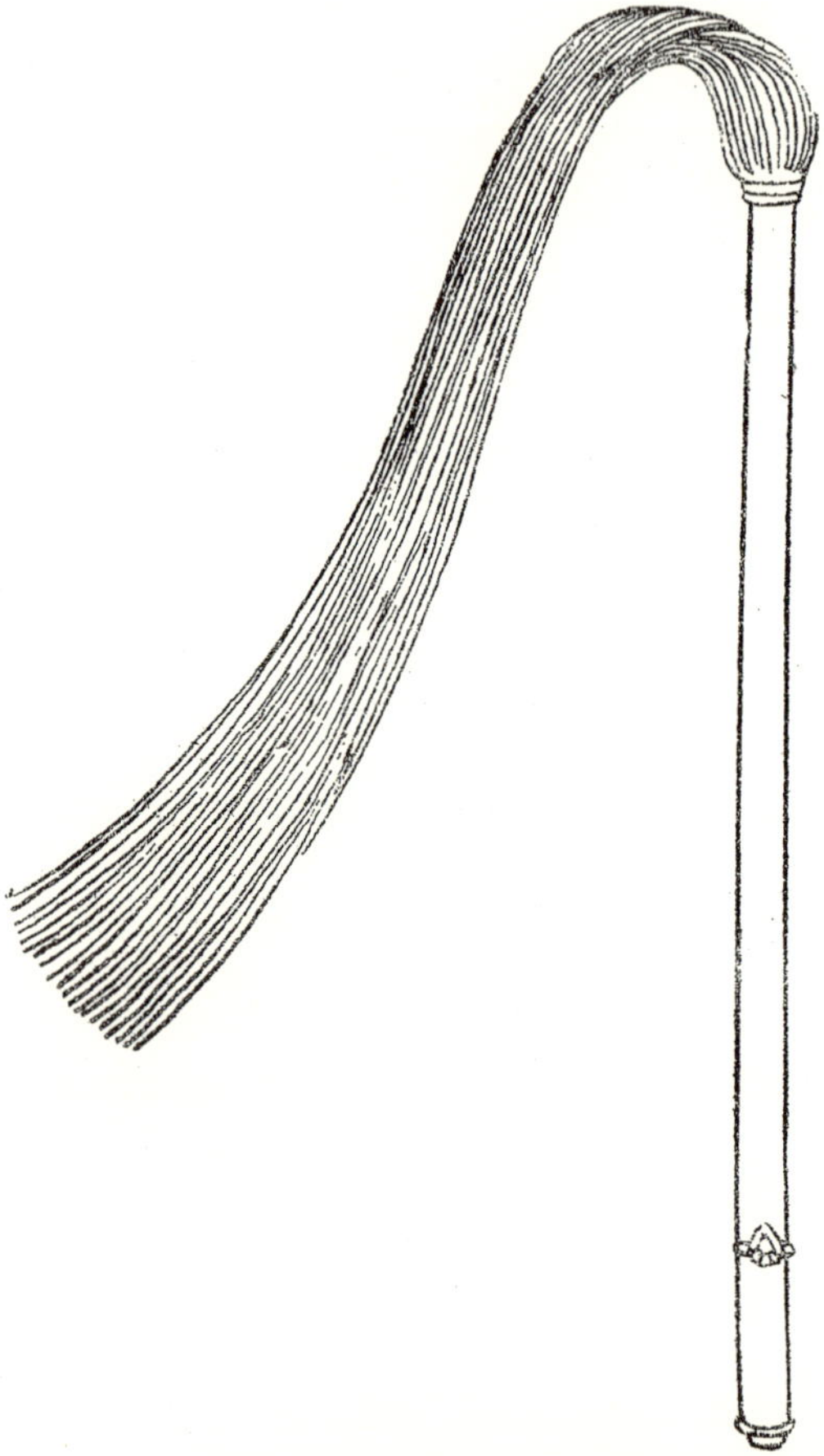

第九十七圖　白拂

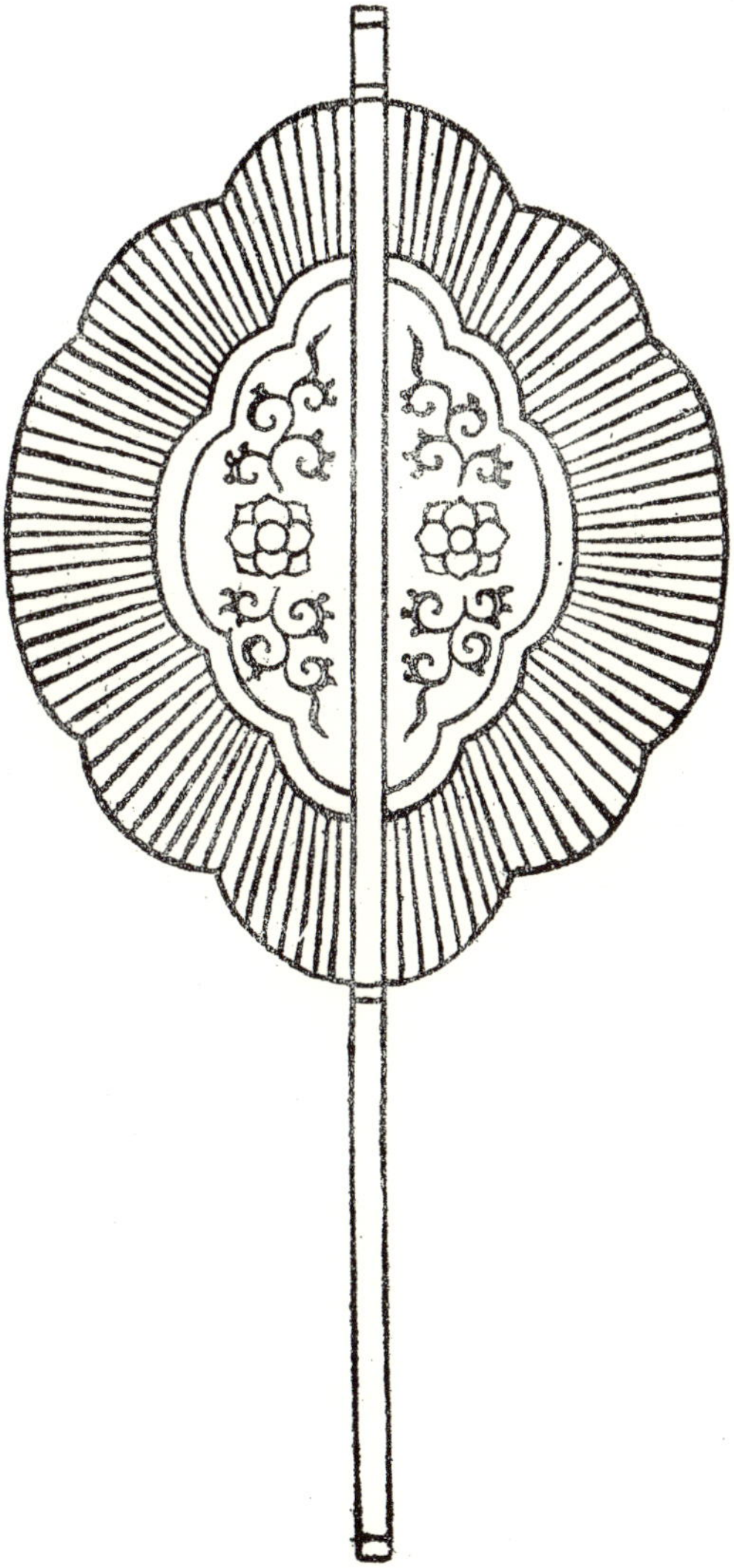

第九十八圖　團扇

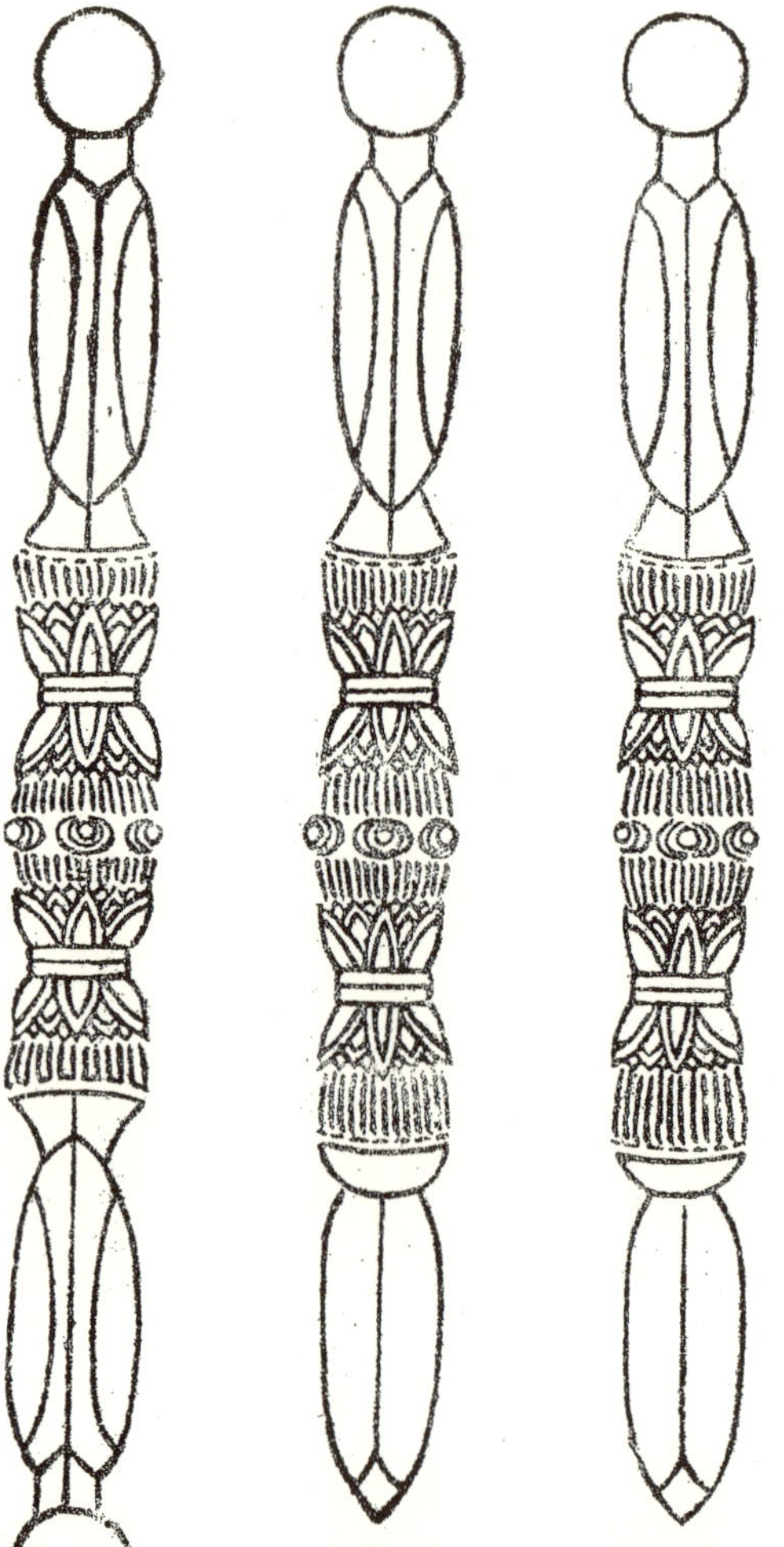

第九十九圖　金箆

第百圖　明鏡

第百一圖　法輪

第百二圖　法螺

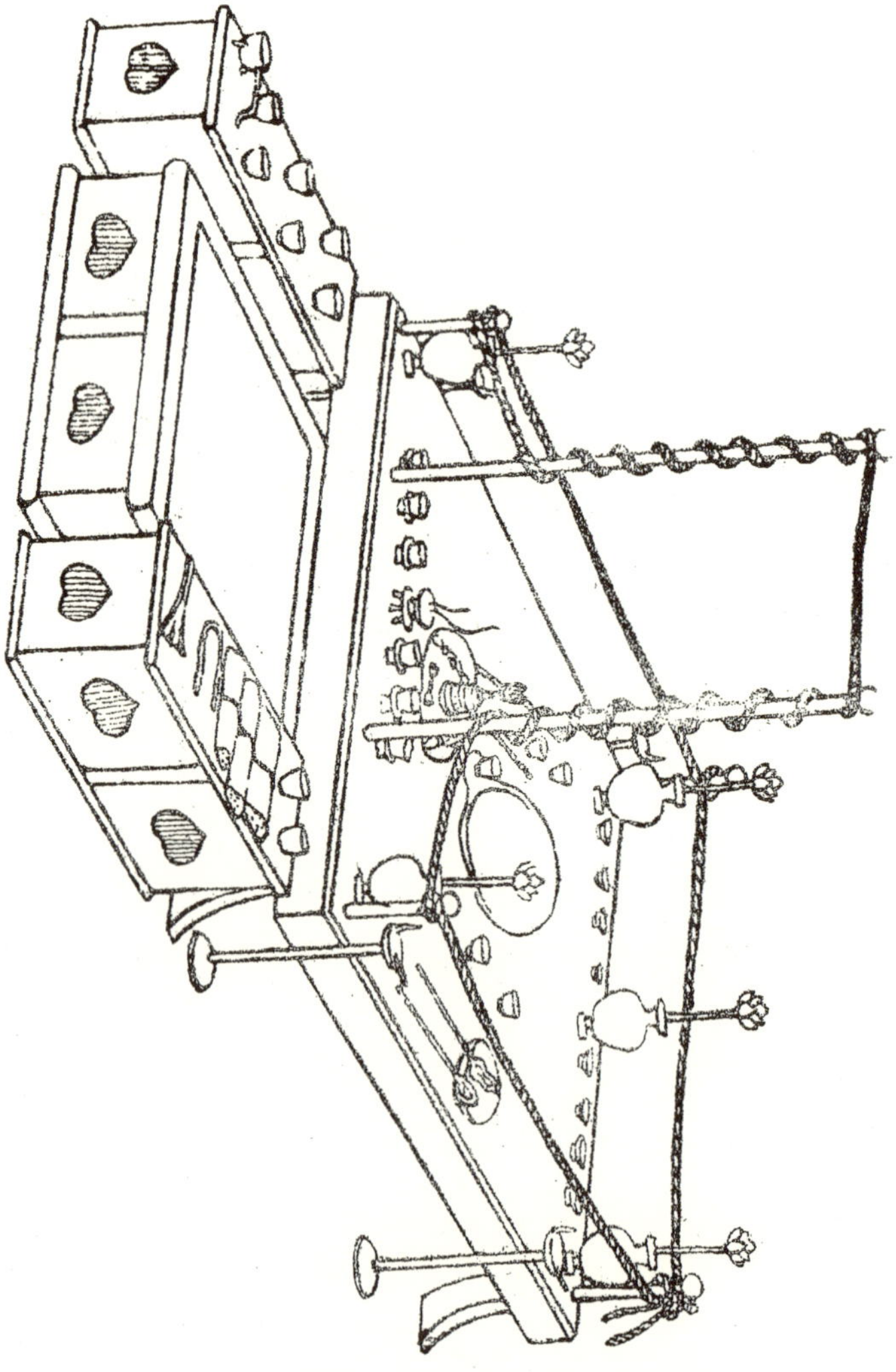

第百三圖　護摩壇

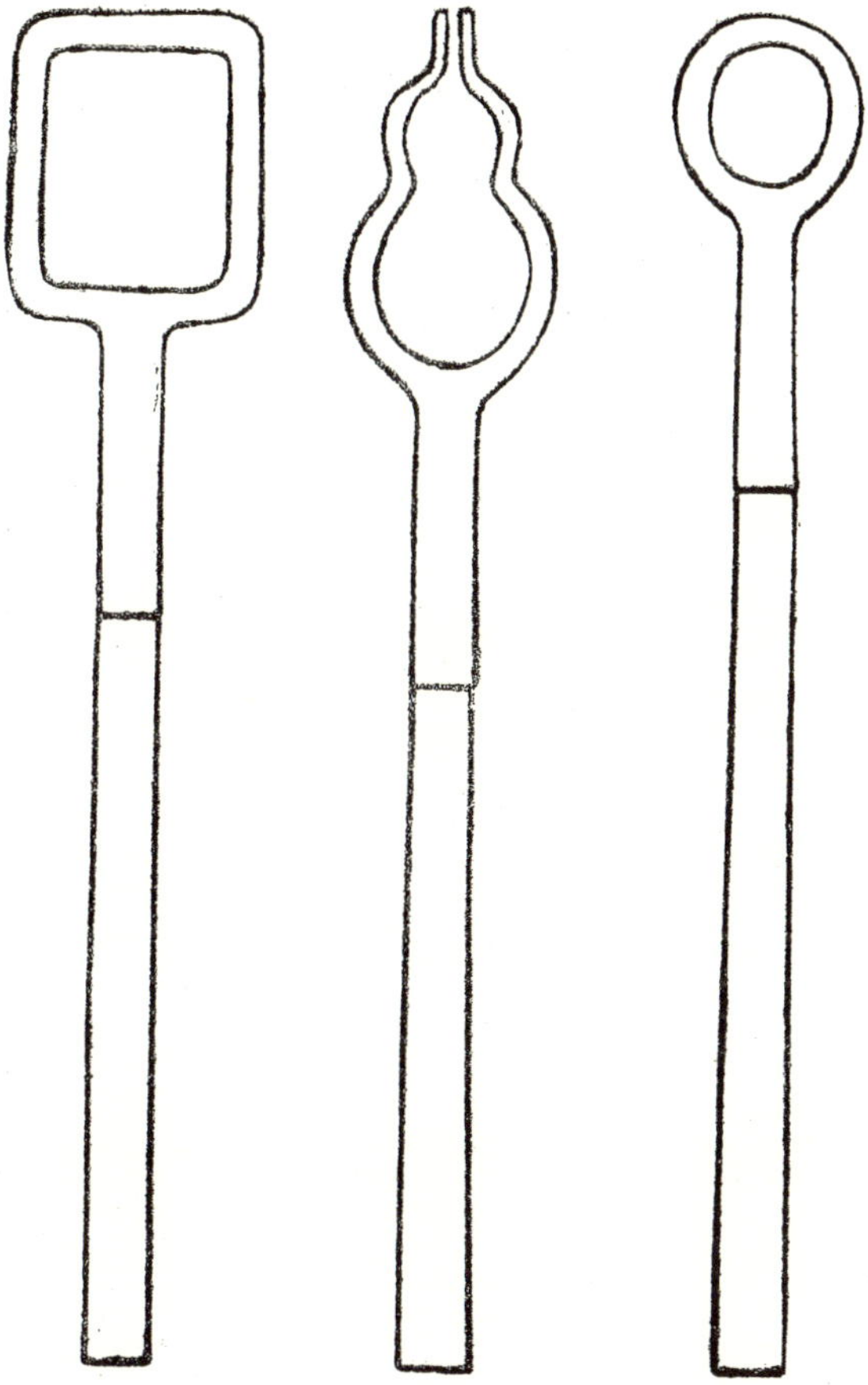

第百四圖　大杓　小杓

第百五圖　五器ト八器トノ一箇ト杓休

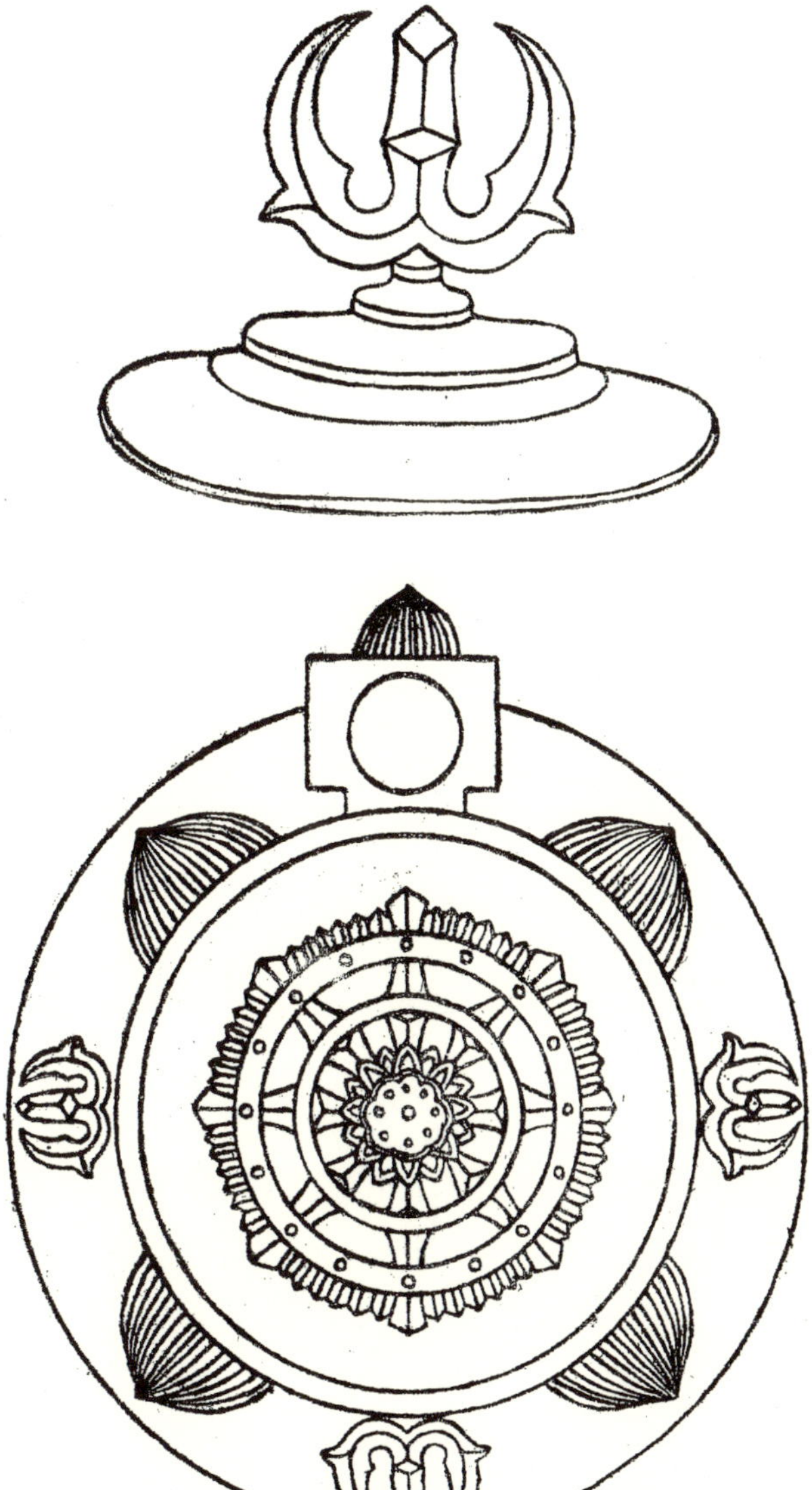

第百六圖　息災爐　依瑜伽護摩軌

第百七圖ノ一　增益爐　依瑜伽護摩軌

第百七圖ノ二　異說

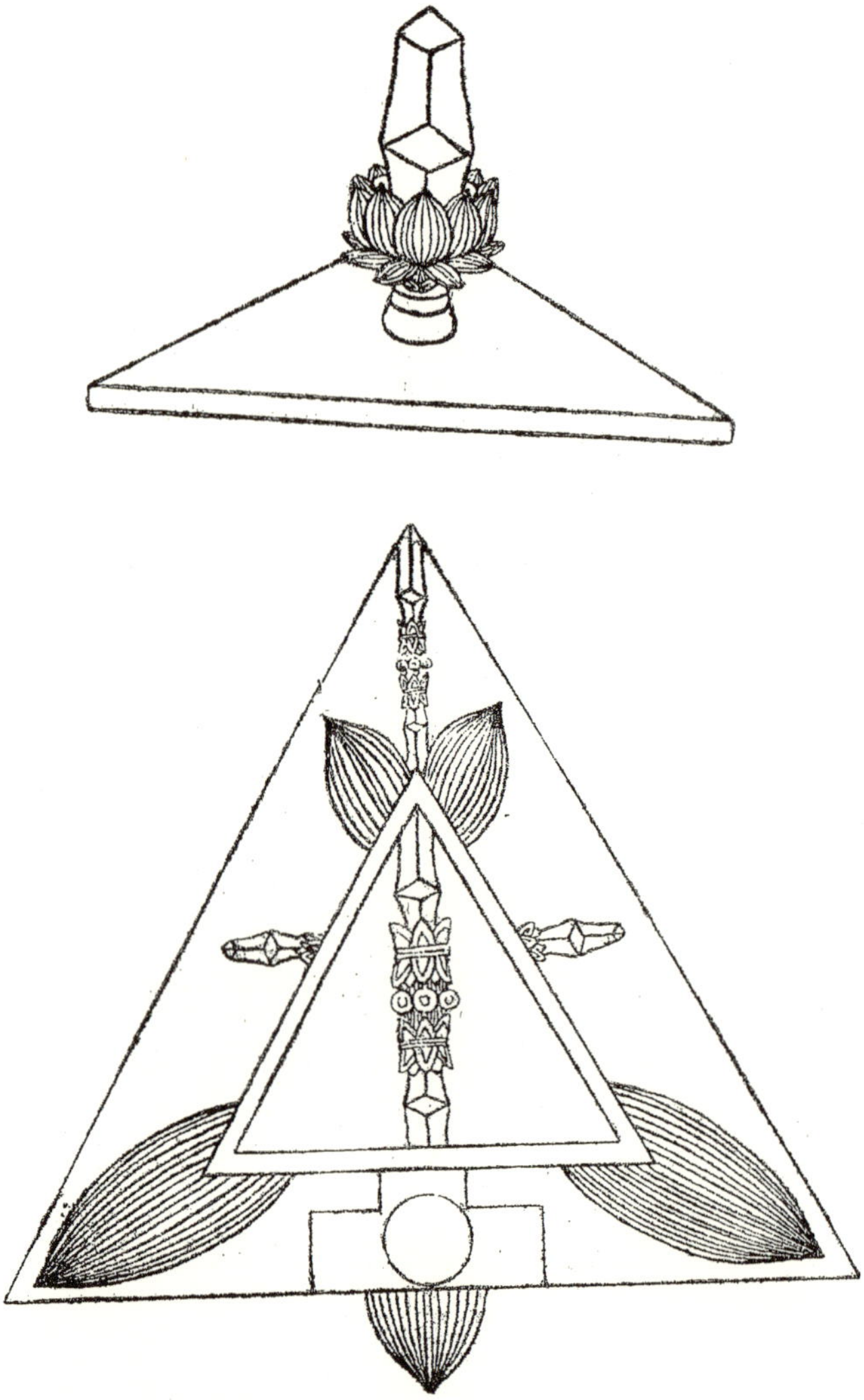

第百八圖ノ一　調伏爐　依瑜伽護摩軌

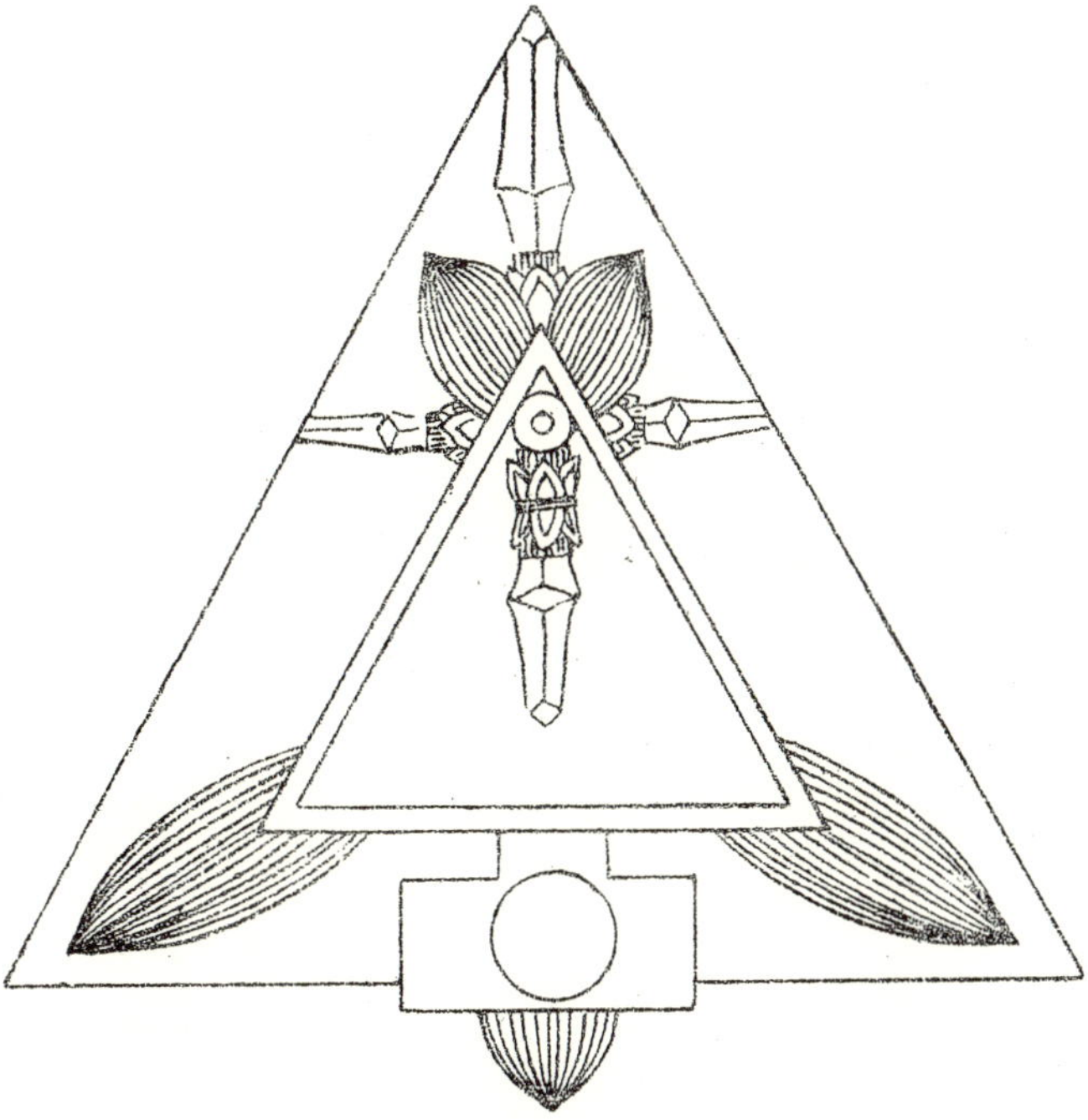

第百八圖ノ二　異說

第百九圖ノ一　敬愛爐　依建立軌檜尾口訣等

第百九圖ノ二　依瑜伽護摩軌

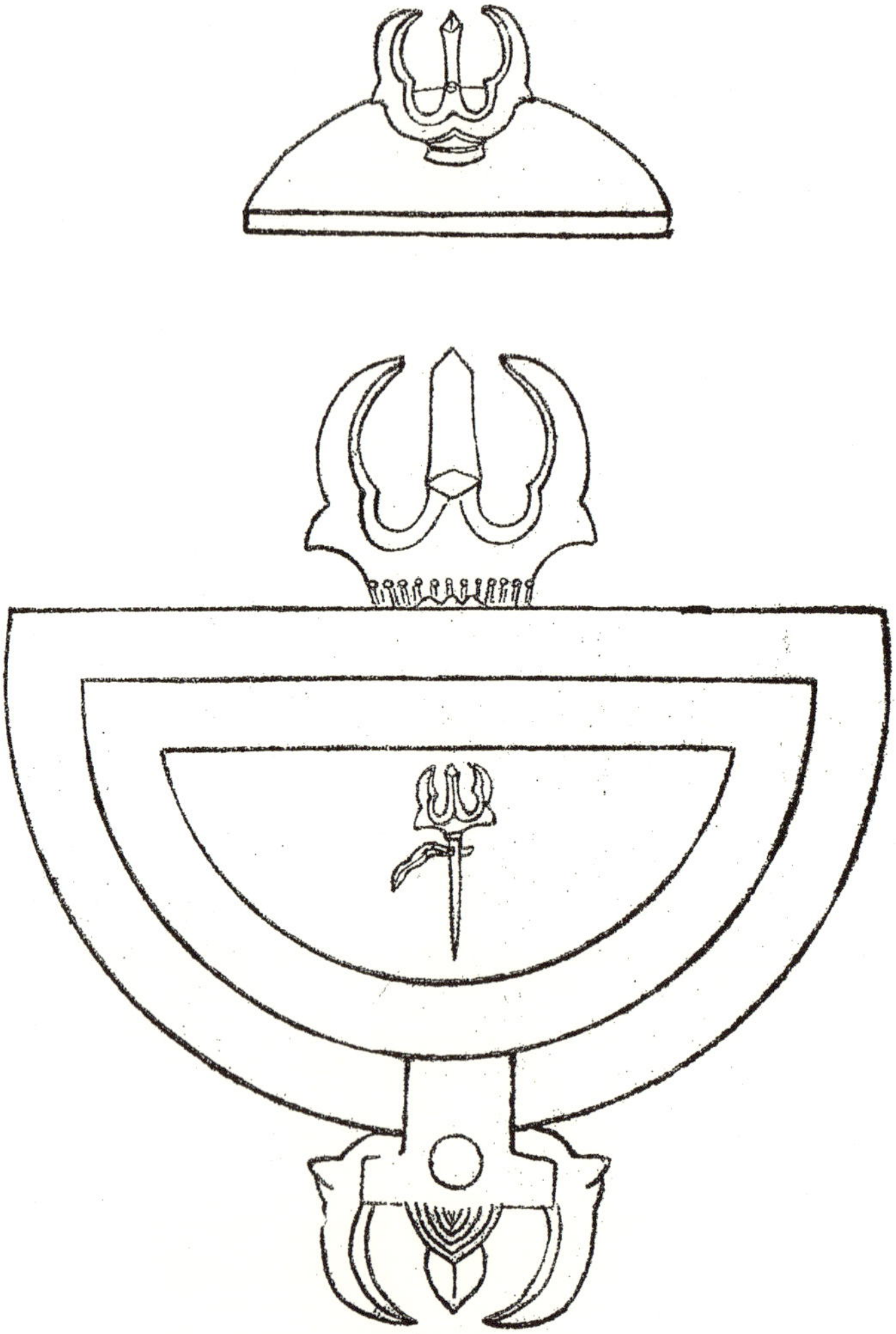

第百十圖　鈎召爐　依大日經疏尊勝軌

第百十一圖　延命爐　依瑜伽護摩軌

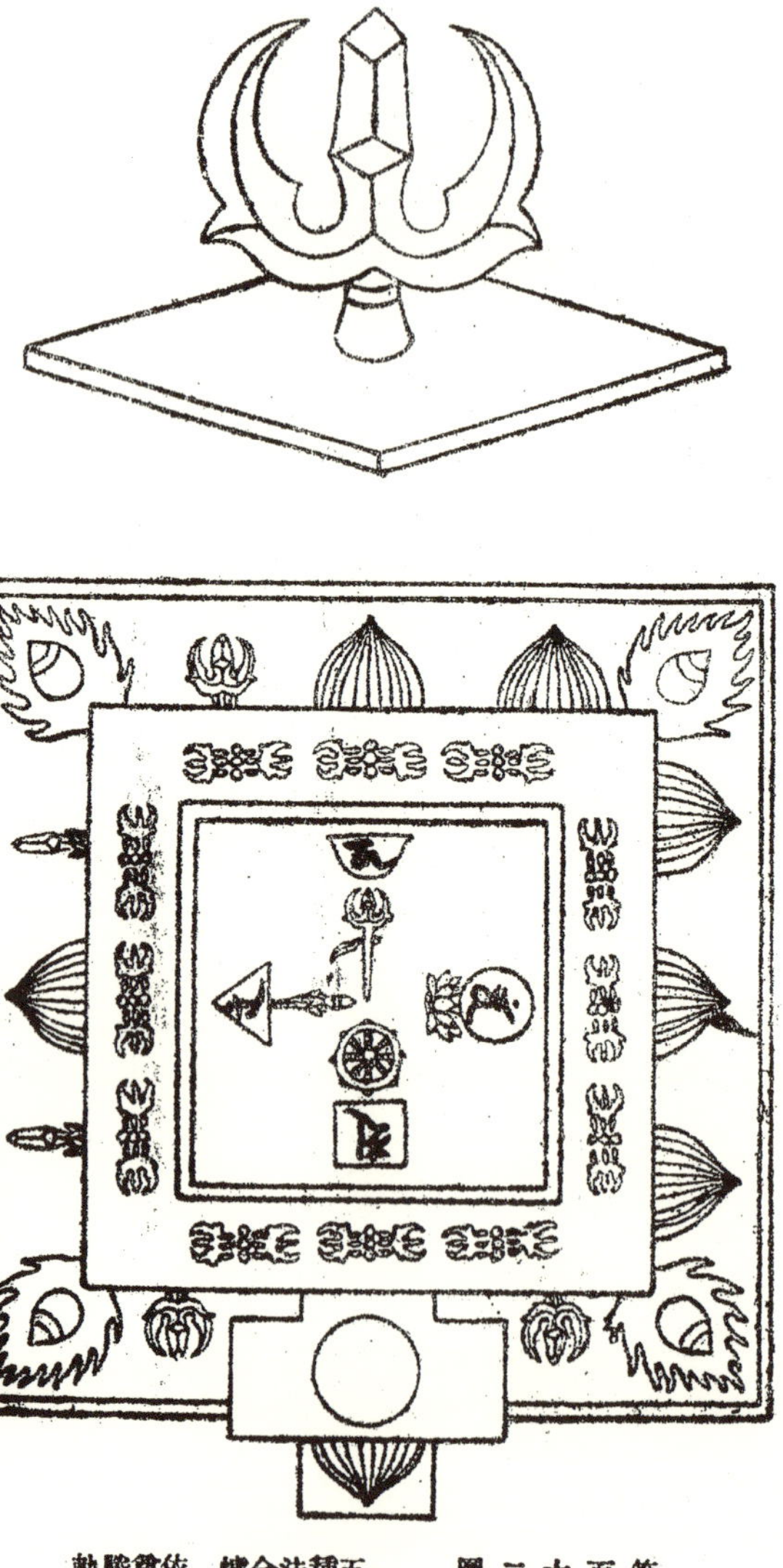

第百十二圖　五種法合爐　依尊勝軌

第百十三圖　一百八顆經軌所說樣

第百十四圖　同上　弘法大師御請來樣

第百十五圖　金剛智三藏所持様

第百十六圖　弘法大師御請來樣

第百十七圖　同上

第百十八圖　同上

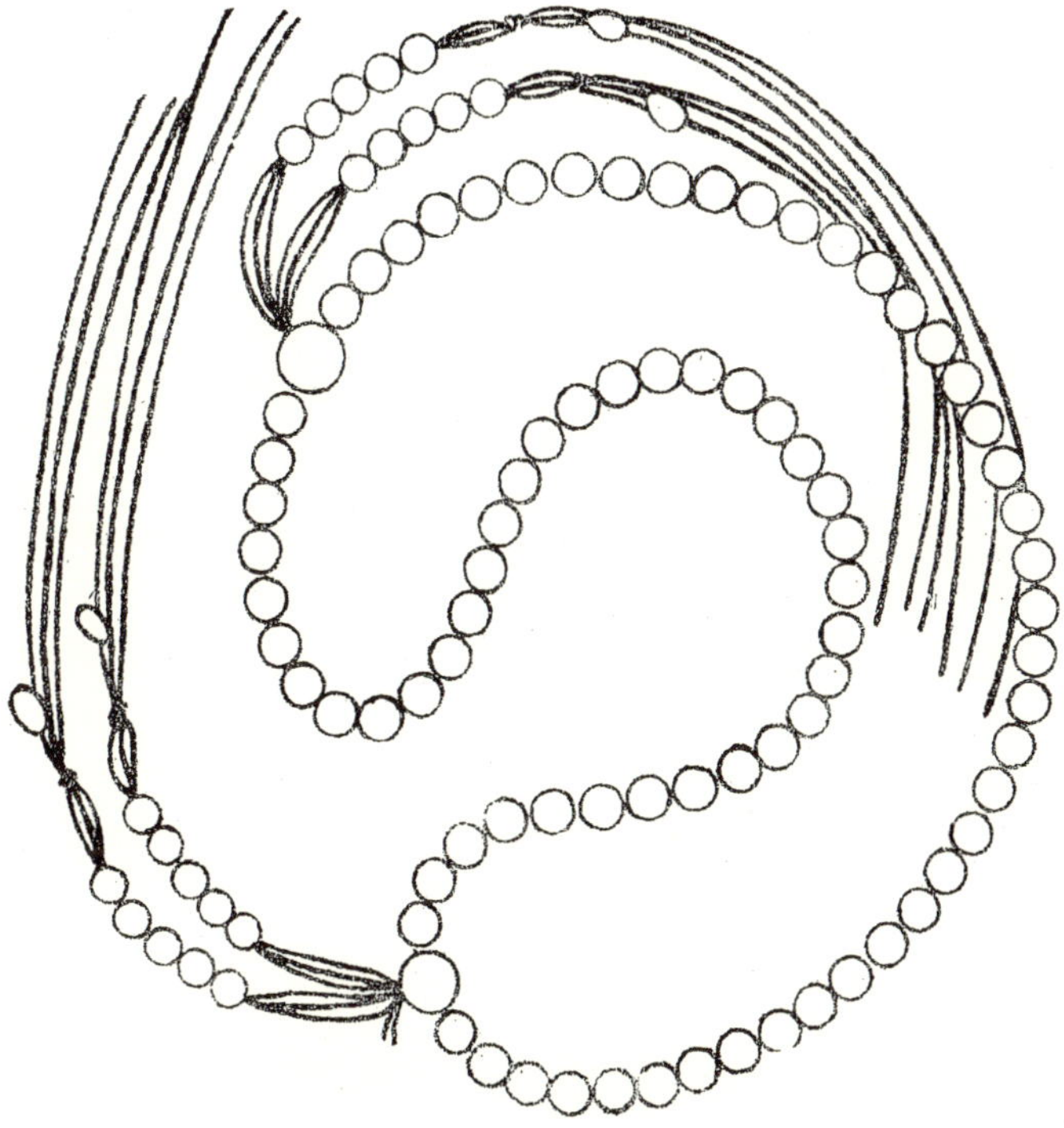

第百十九圖　同上

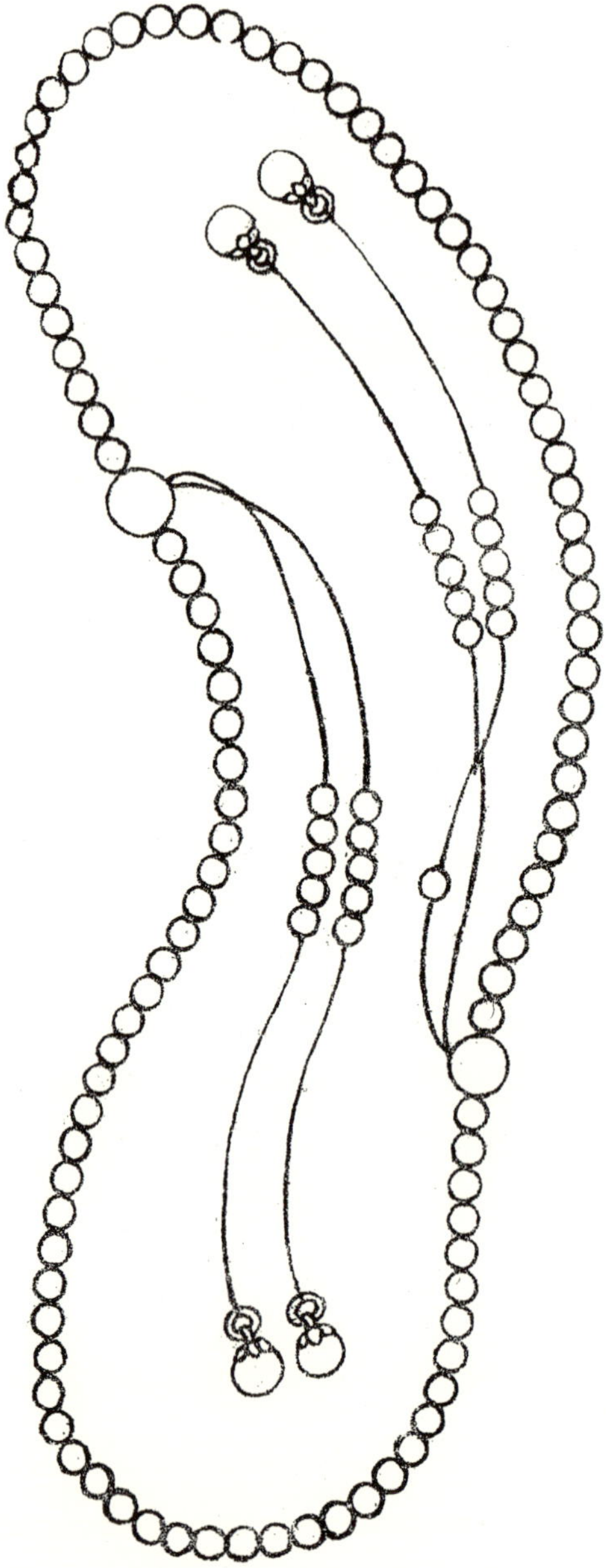

第百廿圖　同上高雄樣

第百廿一圖　露入舍利水晶念珠樣

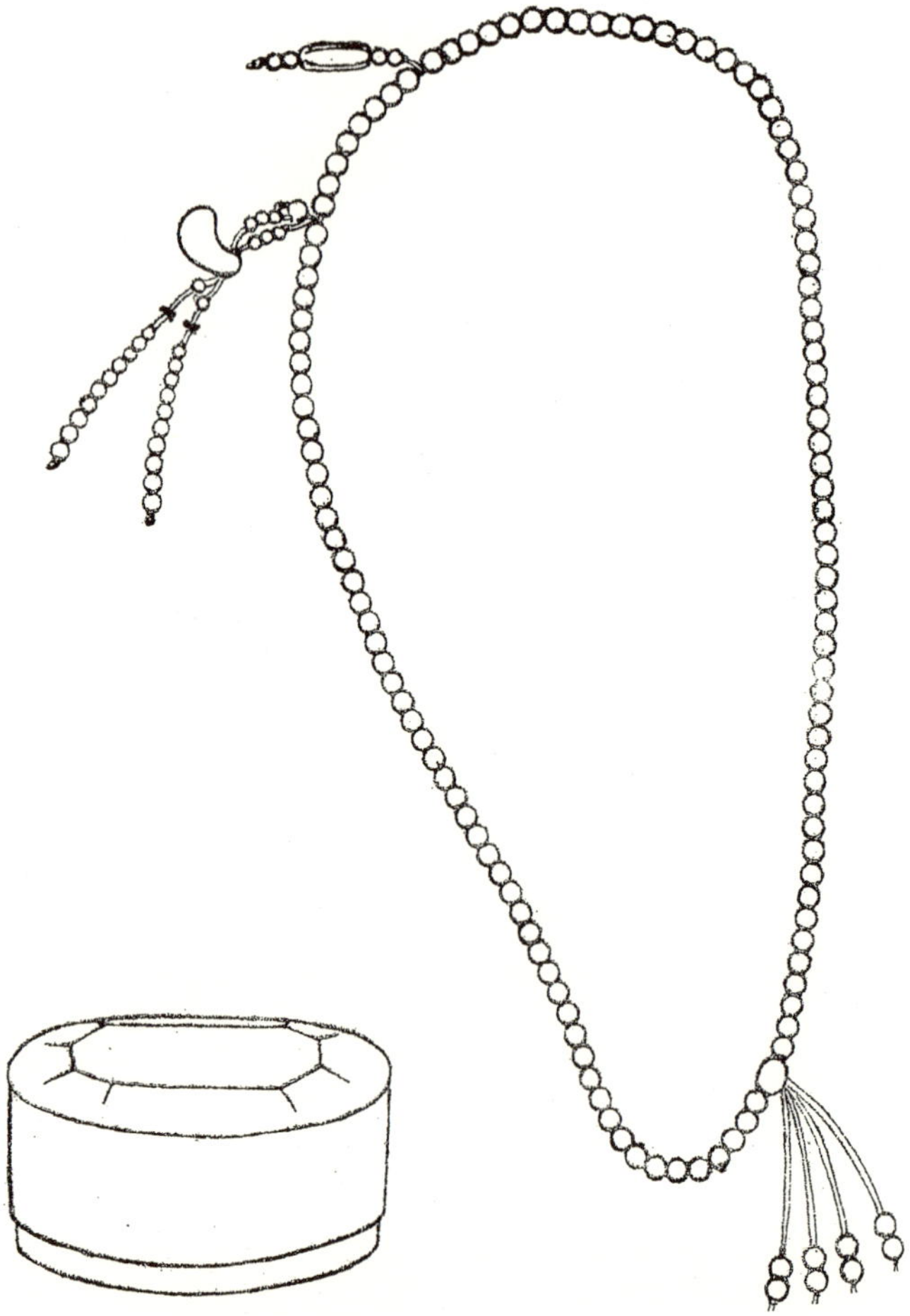

第百廿二圖ノ一　數珠ト數珠筒

第百廿二圖ノ二　同上

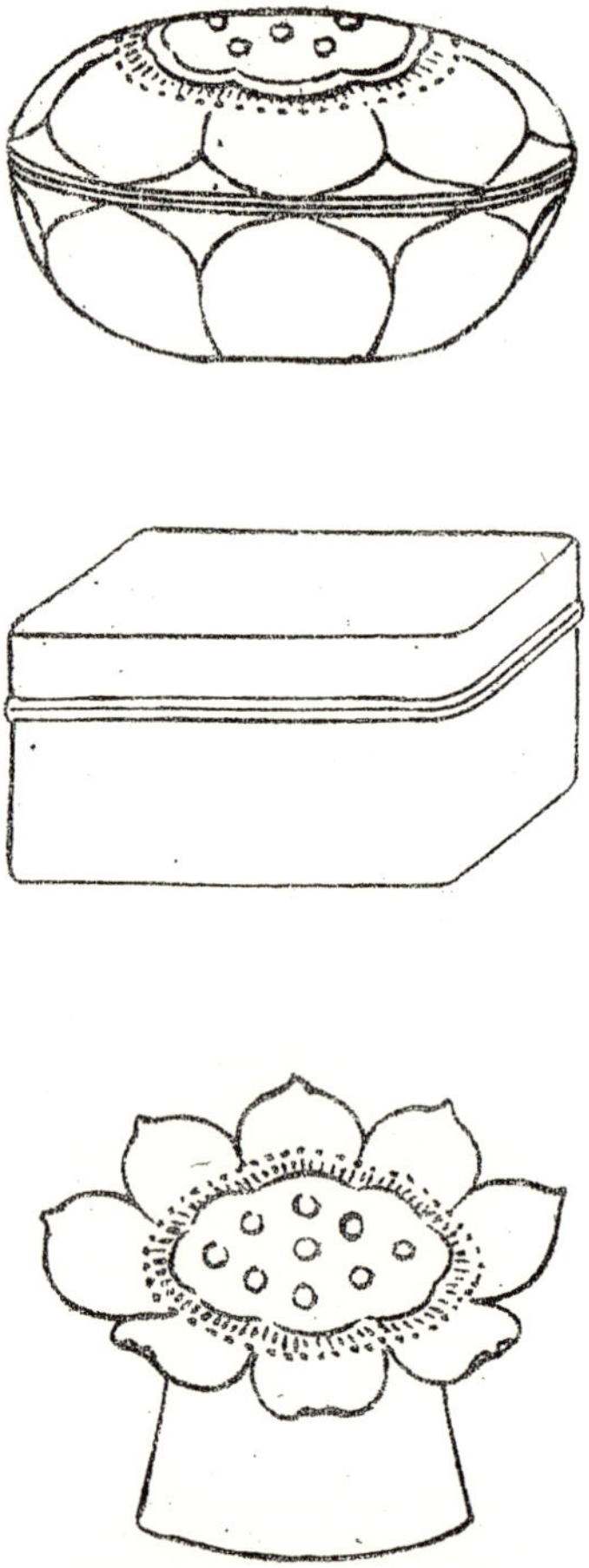

第百廿三圖　數珠筒ト同寶盤

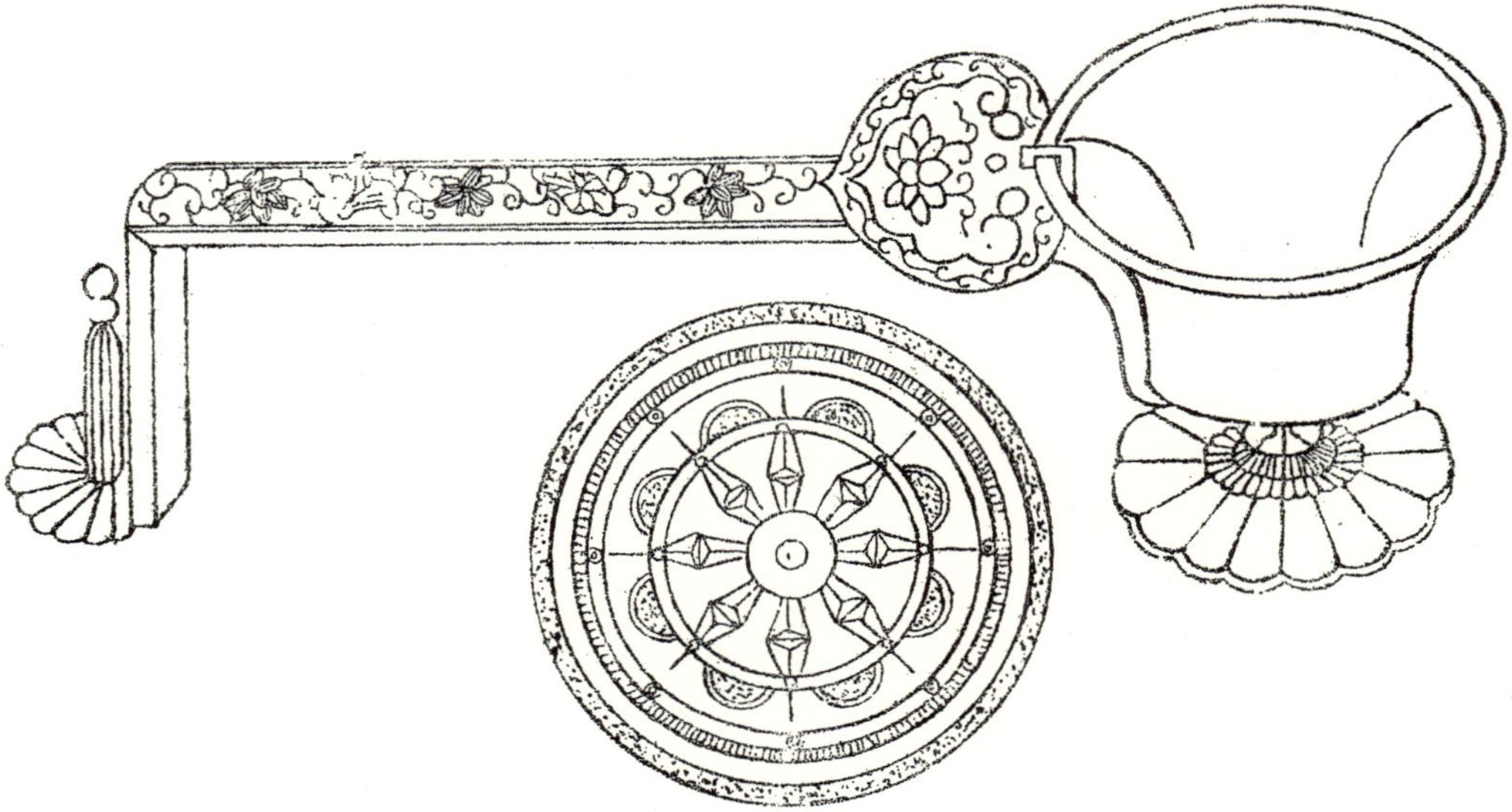

第百廿四圖　柄香鑪太子形

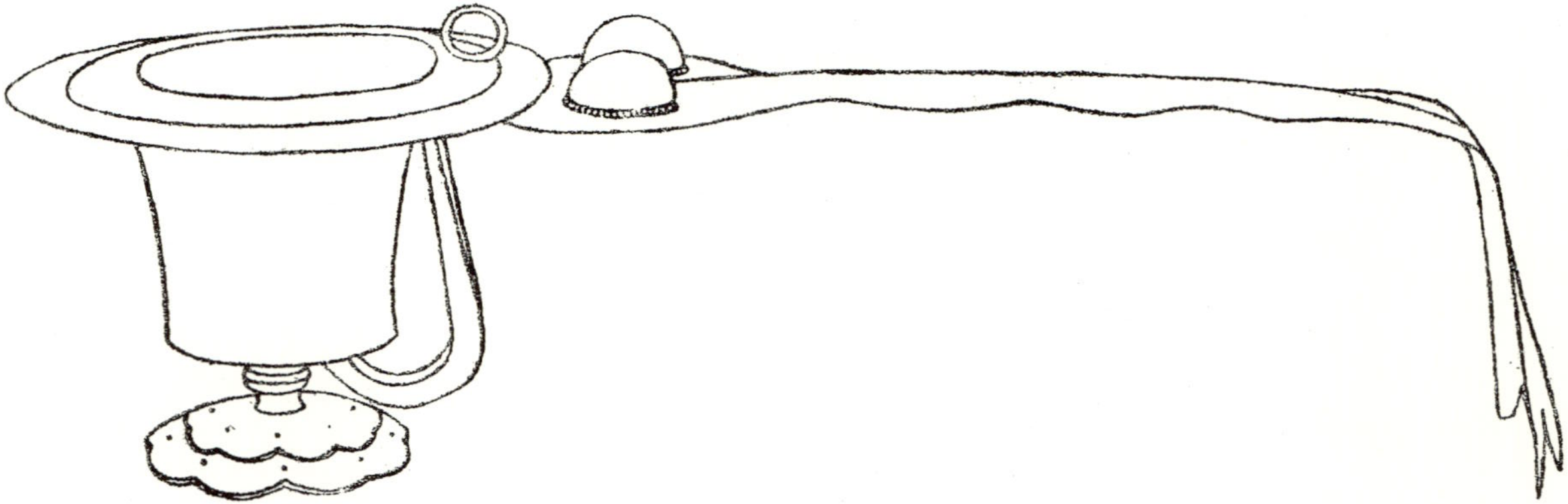

第百廿五圖　同上正倉院形

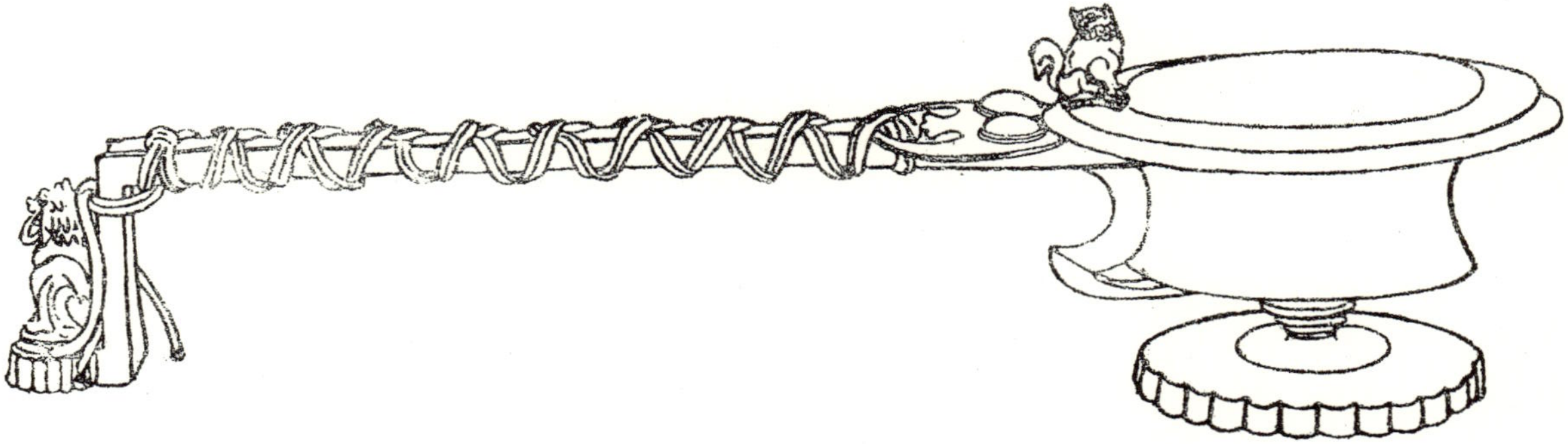

第百廿六圖　同上

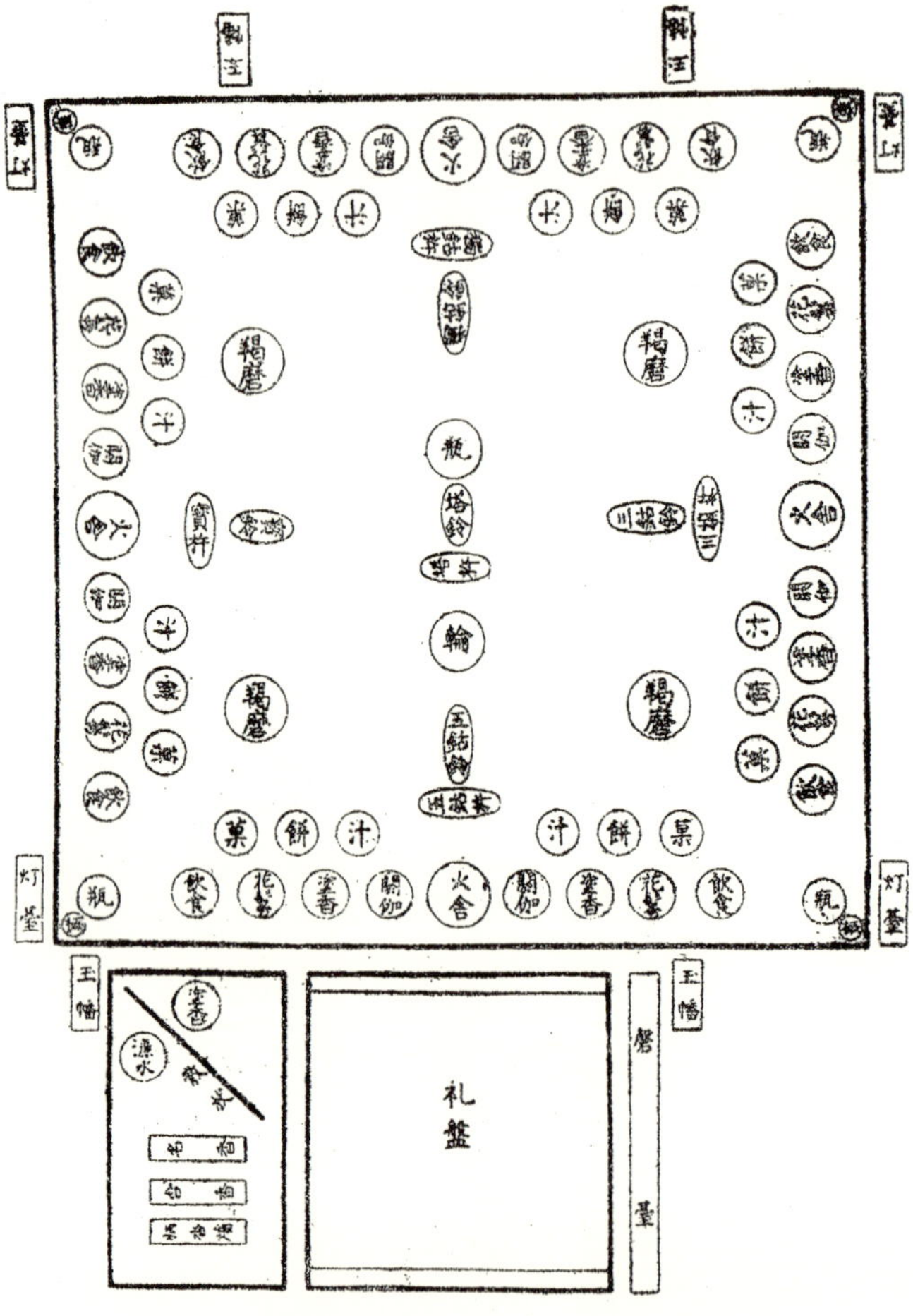

第百廿七圖　安立廣行門壇上莊嚴

第百廿八圖　該攝具德門壇上莊嚴

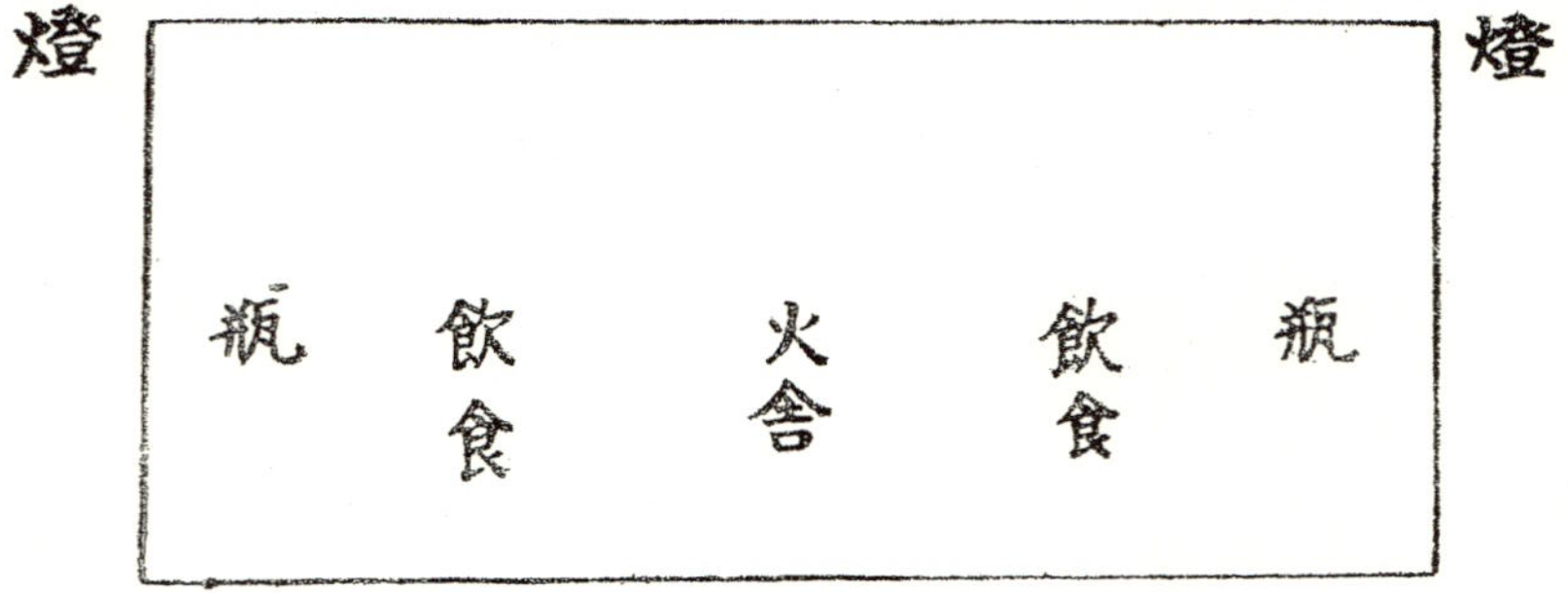

第百廿九圖　該攝具德門壇上極略莊嚴

第百卅圖　寶輪

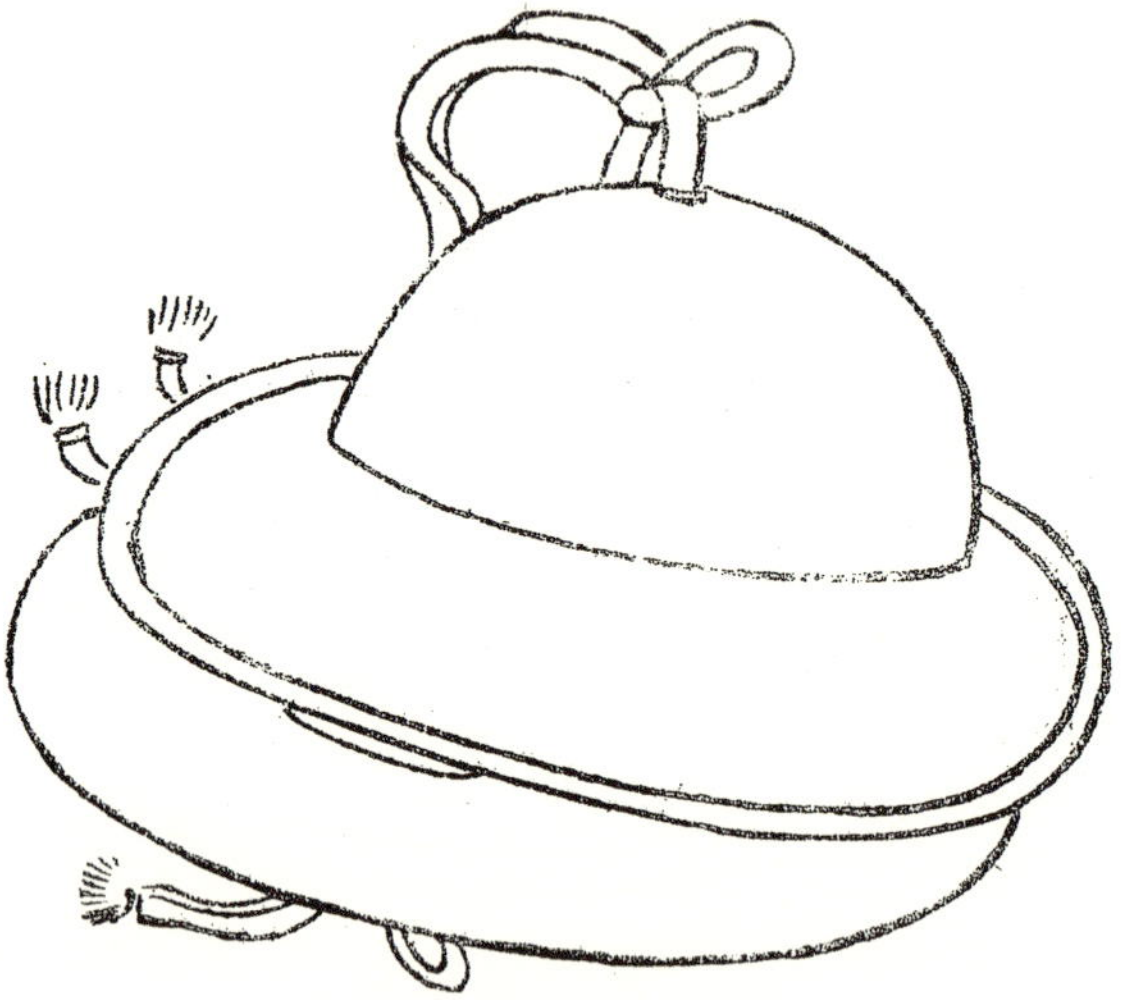

第百卅一圖　鉢

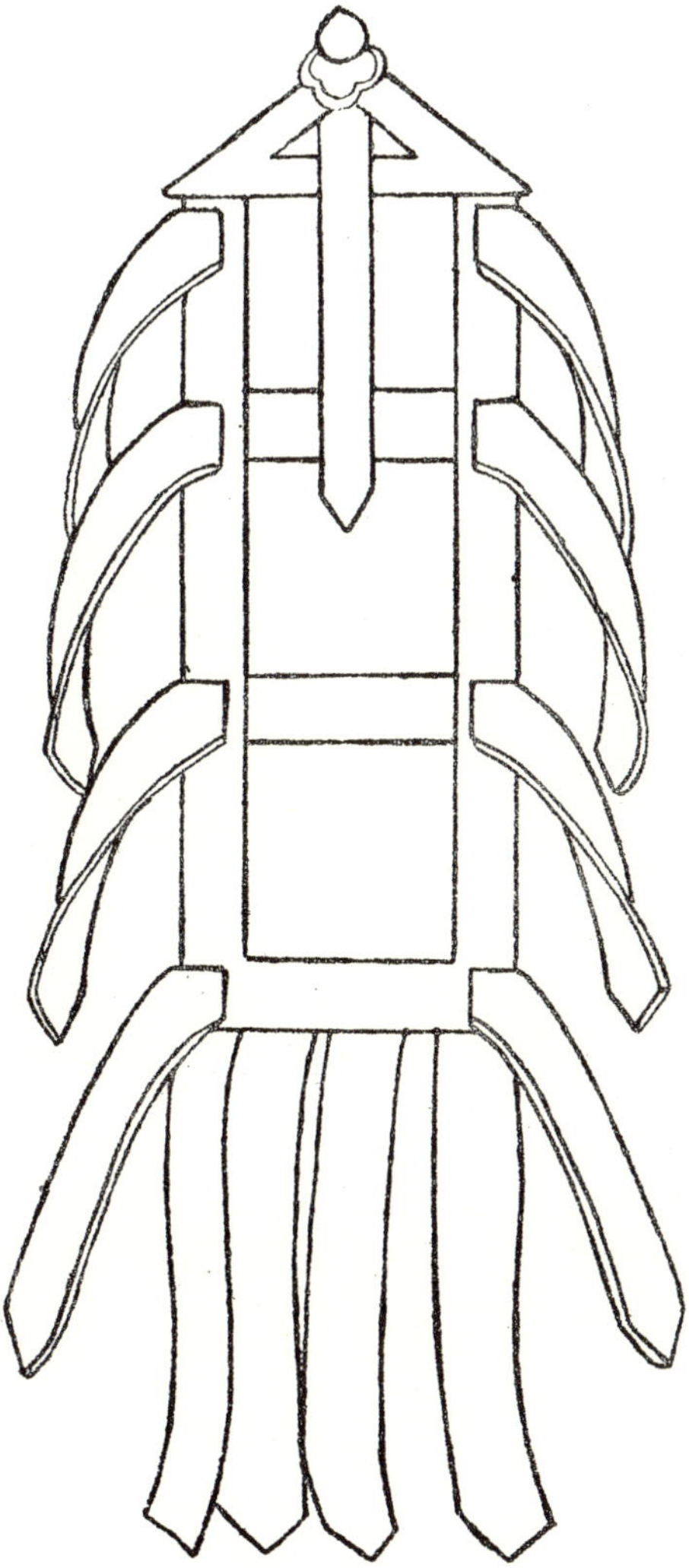

第百卅二圖　顯教用幢

第百卅三圖ノ一　花籠

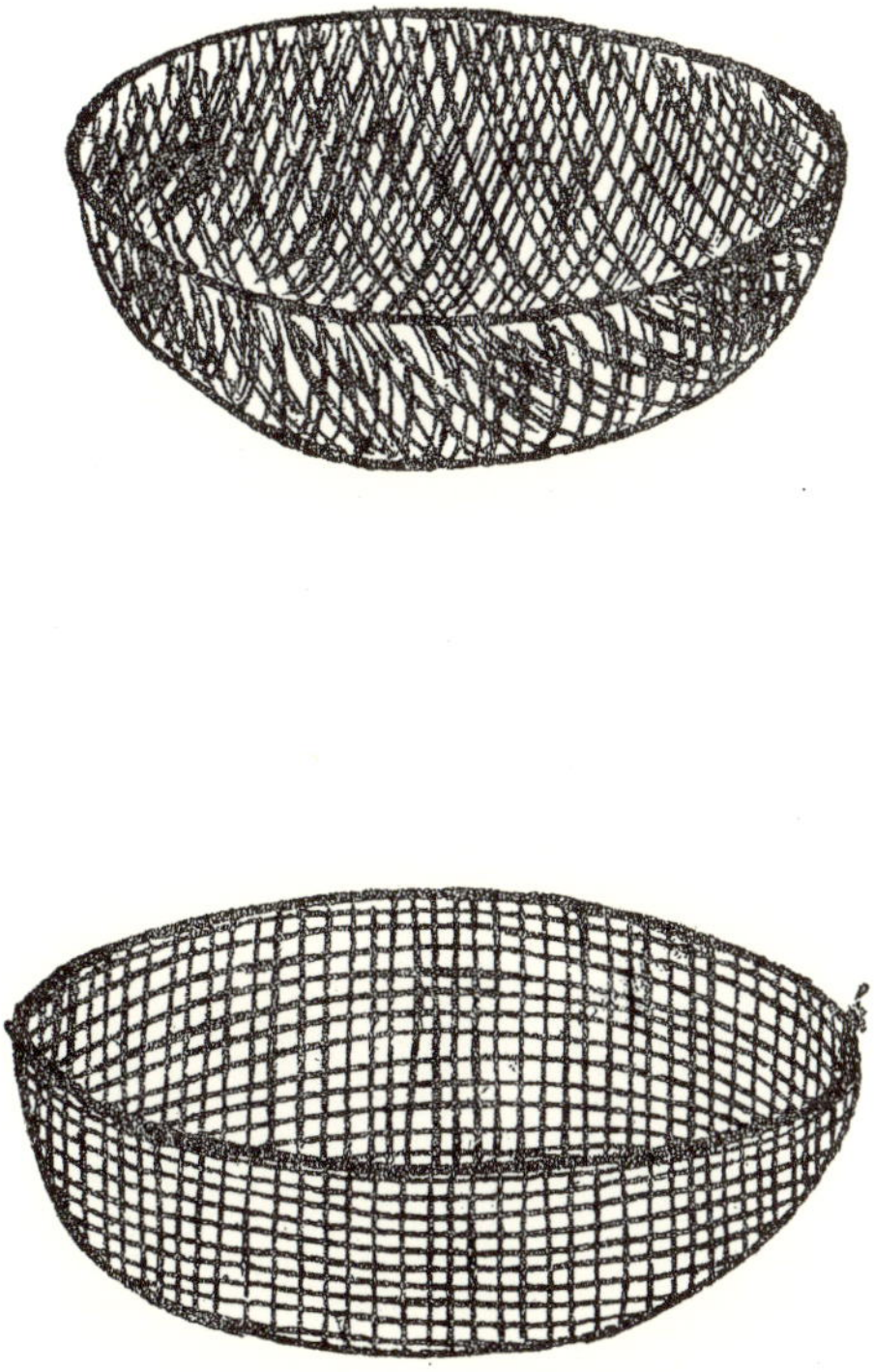

第百卅三圖ノ二　竹籠ト金網製

大正六年六月十五日印刷
大正六年六月十八日發行　乾坤二冊（定價三圓）
大正十年九月二十日再版

著作者　權田雷斧　東京小石川區原町六番地
發行者　高島大圓　東京市京橋區西紺屋町二十七番地
印刷者　佐久間衡治　東京市京橋區西紺屋町二十七番地
印刷所　株式會社秀英舍　東京市京橋區西紺屋町二十七番地

發行所　丙午出版社
東京市小石川區原町六番地
振替東京一五六八六
電話小石川一一二八

真言密教法具便覧

定価　三、八〇〇円+税

大正六年六月十八日　初版発行
平成二十一年十月二十日　復刻版発行

著　者　権田雷斧

発行所　八幡書店
東京都港区白金台三―十八―一
八百吉ビル四階
電話　〇三（三四四二）八一二九
振替　〇〇一八〇―一―九五一七四